Hamids Tagebuch

D1726185

Peter Mühlbauer

Hamids Tagebuch

afghanisch-bayrische Geschichten

Impressum

© morgenroth media GmbH 2017

1. Auflage

Texte & Illustrationen: Peter Mühlbauer

ISBN: 978-3-959070-16-4

www.morgenroth-media.de

Vorwort

Dieses Buch ist aus vielen Begegnungen heraus entstanden, Begegnungen mit afghanischen Freunden, die hier bei uns in Bayern leben. Ihre Geschichten finden sich, neu erzählt, in diesem Buch wieder.

Ich bedanke mich besonders bei Arian Ahmadi aus Mazar e Sharif und allen anderen, die mir von sich und ihrem Leben erzählt haben, von ihrer Kindheit in Afghanistan oder im Iran, von ihren Familien dort, von ihren Ängsten und Sorgen.

Auch ihre Erlebnisse während der Flucht sind in veränderter Form in dieses Buch eingeflossen. Und natürlich ihre Erfahrungen mit uns Bayern.

Ohne meine Freunde wäre dieses Buch nicht entstanden. Ich hoffe wirklich, dass sie alle in Bayern bleiben können, hier eine neue „watan", eine neue Heimat finden und eine gute Zukunft bei uns haben.

Ich wünsche mir auch, dass dieses Buch ein bisschen dazu beiträgt, sie besser zu verstehen und schätzen zu lernen.

Mein eigenes Leben haben sie sehr bereichert und mir ganz neue Horizonte aufgetan.

Danke sage ich auch dafür, dass sie die Geschichten des Buches als erste angehört und mir das notwendige Echo darauf gegeben haben. Sie waren die kompetentesten und besten Kritiker.

Besjar taschakkor mekonam!!!

Vielen Dank Euch allen!!!

HAMIDS TAGEBUCH

—

Afghanisch-bayrische Geschichten

Mein Name ist Hamid. Ich bin dreizehn Jahre alt und komme aus dem weit entfernten Afghanistan. Aber seit einem Jahr lebe ich in Deutschland, nein, ich lebe in Bayern.
Und das ist anders, weil sehr viele Menschen hier nicht Deutsch sprechen. Sie sprechen Bayrisch und das verstehe ich fast gar nicht. Das ist ein bisschen wie Paschtu in meiner Heimat. Das ist auch eine sehr schwere Sprache. Ich habe fast nichts davon verstanden, weil ich Dari, Persisch, als Kind

gelernt habe. In meinem Land gibt es nämlich viele Sprachen, aber Dari und Paschtu werden von den meisten Leuten in Afghanistan gesprochen.

Die Bayern sagen so Sachen wie „Habedere" oder „Pfiade" und meinen damit „Auf Wiedersehen", in Dari heißt das: „choda hafez". Das weiß ich schon, aber das ist fast schon alles, was ich von dieser grausamen, bayerischen Sprache verstehe. Ja und ein paar schlimme Wörter, wie „Saubua", „Depp" oder „hinterfotziger Lump". In Deutsch heißen diese Wörter: „Schweinejunge", „dummer Mensch" und „gemeiner Lügner".

Wenn ich mit meinem bayerischen Freund Franz streite, dann sage ich das zu ihm, aber er muss dann immer lachen. „Du sagst des so blöd!", meint er dazu. Und schon ist der Streit vorbei, weil ich auch lachen muss.

Es gibt noch viel bösere bayerische Schimpf-
wörter, die schreibe ich gar nicht auf. Zum
Beispiel ein Wort für schmutziges Schwein,
das man sagt, wenn jemand unanständig ist
und schlechte Dinge sagt oder macht.
Mein Lehrer für Deutsch in der Schule ist
der Herr Raudaschl. Der seltsame Name
kommt aus Österreich. Herr Raudaschl hat
erzählt, dass er auch ein „Flüchtling" ist.
Wegen der Liebe ist er nach Deutschland
geflohen.
Und Herr Raudaschl lacht immer, wenn er
das erzählt. Ich glaube, er hat sich damals
in ein deutsches Mädchen verliebt und wollte
halt einfach bei seinem „Gspusi" sein, wie
man hier sagt. Er spricht auch bayerisch,
aber ein bisschen anders. Er zieht die Buchstaben immer so lang. Statt „Hörst du?"
sagt er „Häääärst?".

Alles klingt bei ihm etwas gemütlicher und langsamer. In der Klasse redet er Hochdeutsch und da bin ich sehr froh. Da verstehe ich schon viel. Nicht alle Lehrer machen das so und das macht mich traurig, weil ich fast nichts in Bayerisch verstehe und mich noch fremder hier fühle als sonst.

Das ist, wie wenn man einen Film in Russisch ohne Untertitel anschaut und man kein Wort Russisch kann. In Deutschland sagt man dann, ich verstehe nur Bahnhof. Warum man da „Bahnhof" sagt, weiß ich nicht – wie so vieles. Wenn ich frage, warum das so heißt, ist die Antwort oft: „Das ist so. Da gibt's nichts zu fragen. Das muss man einfach auswendig lernen."

Der Herr Raudaschl hat gesagt, dass ich schon ganz gut Deutsch spreche und verstehe. Er hat mir deshalb ein Buch mit vie-

len leeren Seiten geschenkt. Ich soll darin
mein Leben aufschreiben. „Da lernst du gut
Deutsch und vergisst nicht, was du erlebt
hast und hier in Bayern noch erlebst.“
Das hat er richtig gesagt und ich will das
tun. Ich erzähle in dem Buch, wie ich nach
Deutschland gekommen bin und was hier alles anders ist als in Afghanistan.
Herr Raudaschl korrigiert alles, was ich
schreibe, und macht schöne deutsche Sätze
daraus. Auch diese Zeilen hat er sich schon
angesehen und umgeschrieben.

13. Oktober 2016

Heute dürfen wir unsere Drachen mit in die Schule nehmen. Es geht ein starker „tufan", ein starker Wind. Drachen steigen, „gudi ba-ran bazi", das machen in Afghanistan alle Jungen.

Nur die Taliban mögen das nicht und wollen es verbieten. Die Taliban sind böse, todernste Menschen. Sie sagen, sie kämpfen für Gott, für „Allah", aber sie töten viele Leute mit ihren Bomben und Gewehren, auch Frauen und Kinder.

Ich glaube nicht, dass Gott das will, weil er uns Menschen ja gemacht hat und immer vergibt, wenn wir Fehler machen. Wenn die Taliban sagen, dass man nicht mit Drachen spielen darf, dann geht das überhaupt nicht. Wir lieben dieses Spiel. Es gehört einfach zu Afghanistan. Das ist so, wie wenn du bay-

erischen Menschen Knödel und Bier verbie-
test. Das ist auch unmöglich, weil die Bayern
ohne Knödel und Bier nicht leben können,
denke ich.

Ich habe in Afghanistan viele Drachen gebaut, alle sehr gut. Heute bringe ich meinen schönsten Drachen, den ich schon hier in
Deutschland gebastelt habe, in die Schule
mit. Er ist schwarz, rot und grün. Das sind
die Farben der Fahne von Afghanistan.

Den Schwanz des Drachen habe ich blau
und weiß gemacht. Bayrisch, weil ich ja jetzt
hier lebe.

Die Schnur von meinem Drachen habe ich
mit Kleber bestrichen. Vorher habe ich Glas
kaputt gemacht und ganz klein gerieben wie
Staub. Da habe ich meine Schnur durchge-
zogen, dann ist sie scharf wie ein Messer
zum Bart schneiden.

Das ist wichtig, damit ich die Schnur von den anderen Drachen abschneiden kann und alle besiege.

Aber leider, ich habe es erst zu spät gemerkt: In Deutschland ist das Drachen steigen ein bisschen „chasta kon", langweilig. Niemand schneidet die Schnur von anderen Drachen ab. Ich schwöre, ich habe das nicht gewusst.

Am Nachmittag, beim Sportunterricht, sind wir auf eine große Wiese gegangen. Die ganze Klasse mit unserem Sportlehrer, Herrn Schmid. Der Wind war wirklich gut und bald waren viele Drachen am Himmel. Die anderen Kinder haben sich gewundert, wie schnell meiner in der Luft war und wie hoch. Da hat mich der Herr Schmid gelobt und gesagt: „Legg, des konnst aber guad!" Herr Schmid spricht auch immer bayerisch.

Und jetzt wollte ich zeigen, wie gut wir Afghanen mit dem Drachen arbeiten können.
Mit einem Ruck habe ich meinen Drachen
in Sturzflug gebracht, auf die Drachen von
den anderen Kindern zu. Und schon, zack,
zack, zack, zack, zack habe ich fünf weg-
geschnitten. Und wieder zack, zack, zack,
nochmal ganz viele erwischt.
Die Kinder haben so dumm geschaut, wie
die Drachen abgehauen oder auf den Boden
gestürzt sind. Ihre Schnüre sind wie tote
Schlangen vom Himmel gefallen. Die Kinder
haben nichts verstanden, auch Herr Schmid
nicht. „Ja, wos is jetzt des?", hat er nur
gesagt.
Wie ich alle Drachen weggemacht habe, haben einige Kinder geweint. Ich habe aber
ganz stolz geschaut, weil ich der Beste war.
Und plötzlich hat Herr Schmid geschrien:

„Hamid, spinnst du? Des warst du!" „Warum denn so böse?", habe ich ihm geantwortet, „Das ist der Kampf der Drachen, das ist normal. Alle in Afghanistan machen das so!"
Dann habe ich erzählt, wie das Spiel bei uns geht und dass Drachensteigen ohne scharfe Schnur langweilig ist. Das hat alle sehr interessiert, auch Herrn Schmid.
Am Ende wollten alle scharfe Drachen haben und Herr Schmid hat gesagt: „Hamid, magst uns helfen, Drachen zu bauen wie bei dir daheim?"
Ja, natürlich will ich das! Im Werkunterricht werden wir also nächste Woche afghanische Drachen bauen und dann gibt es einen richtigen Luftkampf, Afghanistan gegen Deutschland. Und ich glaube, ich weiß schon jetzt, wer gewinnt!

15. Oktober 2016

Ich bin ein Muslim und glaube an Allah. So heißt mein Gott. Wahrscheinlich ist er der gleiche Gott, zu dem die Christen hier beten. Meine Religion heißt „Islam".

Der katholische „mullah", der Pfarrer, hat in der Schule gesagt, dass Gott immer gut zu den Menschen ist und dass es nur einen Gott gibt. Das glauben wir Muslime auch. Aber trotzdem ist es als Muslim in Bayern nicht ganz einfach, weil alle hier „Schweinernes" und „Weißwürscht" essen.

Ich darf kein Schweinefleisch essen, das ist „haram", unrein, so steht es in meinem heiligen Buch, dem Koran. Ich mag es auch nicht, weil ich es noch nie probiert habe und mir davor ekelt. Ich denke, das ist so, wie wenn ein Bayer seinen Hund essen müsste, wie es die Chinaleute machen.

Da graust es ihm und mir auch. Ich kenne aber einen afghanischen Jungen hier, der isst manchmal in der Pause eine „Leberkasssemmel". Ich habe ihn gefragt, warum er das so macht. „Choschmazza asst!", „Weils mir schmeckt!", hat er geantwortet.
Überhaupt ist er ein wenig dumm und Allah in seiner Weisheit hat ihm sogar zu seiner Dummheit das passende Gesicht gegeben. Aber ich glaube, dass Allah dummen Menschen nicht böse ist. Und sonst ist der Kerl ja wirklich ein ganz netter Junge, der mir schon viel geholfen hat.
Und das mag Allah, einander Helfen ist wahrscheinlich auch viel wichtiger als das nicht Essen von Schweinefleisch.

18. Oktober 2016

Heute Nacht habe ich wieder von IHM ge-
träumt. Ein Traum voller Angst, der aber
- Allah sei Dank „alhamdullilah" - gut ausgegangen ist.

Es ist eine Geschichte von meiner Flucht aus
Afghanistan. Und ER ist ein Polizist aus
Teheran, der Hauptstadt des Landes Iran.
Über 20 Tage war ich mit meinem großen
Bruder Aryan in dieser Stadt.

Wir konnten nicht
weiter gehen, der
Mann, der uns an die
Grenze zur Türkei
bringen sollte, war
noch nicht da. Und so
haben wir bei einem
alten „nadschar",
einem alten,

freundlichen Schreiner, Arbeit gefunden. Mein Bruder, ich und noch drei Jungen aus Afghanistan. Der Alte war gut zu uns, er hat uns jeden Abend den Lohn bezahlt und uns viel zu essen und zu trinken gegeben. An einem besonders heißen Tag hat er gesagt: „Kinder, ihr habt so gut gearbeitet. Geht heute Nachmittag in die Stadt! Trinkt Tee und ruht euch ein wenig aus. Und schaut ein bisschen, was für schöne „dochtar", was für schöne Mädchen, es bei uns gibt. Aber Vorsicht! Die Mädchen sehen oft süß aus, in Wirklichkeit jedoch sind sie gefährlich wie Skorpione!"

Er hat gelacht und jedem von uns ein bisschen Geld gegeben, damit wir ins Teehaus gehen konnten. Nur mein Bruder Aryan wollte nicht mitkommen. Er war müde und ist zuhause geblieben.

Jetzt weiß ich, dass das ein großes Glück war für ihn, dass er nicht mit uns gegangen ist.

Die anderen drei und ich sind gleich losmarschiert. Teheran ist eine riesige Stadt voller Menschen und Autos. Wir hatten ein bisschen Angst, dass wir uns verlaufen. Und dann, in einem kleinen Teehaus, ist es passiert! Wir haben gerade über die iranischen Mädchen geredet, da sind plötzlich zwei Polizisten vor uns gestanden.

Der eine sagte streng zu uns: „Wer seid denn ihr, wo kommt ihr her? Eure „Passports", eure Reisepässe, aber schnell!".
„Wir sind Afghanen, wir machen nur einen Ausflug in den schönen Iran.", stammelte einer von uns. Aber der Polizist grinste nur böse: „Ausflug!! Hahaha! Ihr wollt nach Europa! Ihr kommt mit! Vergesst Europa!"

Plötzlich fasste mich der andere Polizist an der Schulter an und flüsterte: „Und du, Junge, verschwinde, schnell. „Gom scho!", „hau ab!" Seine Stimme war nicht hart, sondern sanft und leise. „Los, mach schon!", sagte er nochmal. Ich werde nie sein Gesicht vergessen mit den dunklen, guten Augen hinter der Sonnenbrille. Ich werde ihn nie vergessen, obwohl ich ihn nur ganz kurz gesehen habe. Ich bin gelaufen und gelaufen, gelaufen und wieder gelaufen, bis ich endlich wieder bei dem alten Schreiner und meinem Bruder Aryan war.

Von den anderen Jungen habe ich nie mehr etwas gehört. Allah allein weiß, was mit ihnen geschehen ist. Und Allah möge den guten Polizisten und seine Familie beschützen. Sein Gesicht ist in meinem Herzen und in meinen Träumen. Einmal werde ich meinen eigenen Kindern von ihm erzählen. Ich weiß nicht, warum er mich hat laufen lassen. Das werde ich wohl nie erfahren. Aber ohne ihn wäre ich heute ganz bestimmt nicht hier in Deutschland.

Mein Freund Franz von unserem Kunstlehrer gezeichnet.

20. Oktober 2016

Weil ich schon so gut bin in Deutsch, muss ich nicht mehr in eine Ü-Klasse gehen, eine Übergangsklasse für Ausländer, die die deutsche Sprache noch nicht oder nur wenig können.

Ich bin jetzt in der Klasse von meinem bayerischen Freund Franz. Wir sitzen auch nebeneinander. Wir haben uns bereits früher beim Fußballspielen kennengelernt. Ich bin nämlich auch schon im Fußballverein und bin gar nicht schlecht in diesem Sport. Jedenfalls sagt das unser Trainer.

In Erdkunde haben wir die Frau Bosch. Sie ist ganz dick und sie hat auch keinen Mann. Vielleicht ist sie deshalb oft so „grantig", so schlecht aufgelegt. Sie schimpft immer viel, dass wir so „ahmaq", so dumm, sind, und gibt uns dann schlechte Noten.

Am Beginn der Stunde muss fast jedes Mal ein Schüler nach vorne kommen und dann fragt sie ihn über die letzte Stunde aus. Heute war der Franz dran.

Sie will von ihm alles über Europa wissen: Die Hauptstädte und welches Land welche Sprache hat. Dabei sitzt sie wie eine „maleka", eine Königin, am Pult und schimpft. Heute hat sie im Schreibtisch alte, zerknitterte Weihnachtssterne aus Papier gefunden. Wahrscheinlich sind die noch von der Adventszeit im letzten Jahr. Die Sterne macht sie jetzt einzeln mit ihrer Faust platt, dass sie wieder ganz glatt sind.

„Franz, wie heißt die Hauptstadt von Portugal?" Und Rummms, haut sie einen Stern platt.

„Wie bezahlt man in London sein Essen?" Rummms! „Wie sprechen die Leute in der

Schweiz?" Und wieder, Rummms auf einen Stern. Weil der Franz nicht so viel weiß, wird das Rummms immer lauter.

Die Bosch ist total wütend und am Ende schreit sie, wie ungebildet wir sind, und Franz bekommt aus Gnade gerade noch eine 4-.

Da ist der Franz richtig sauer, weil er doch vor lauter Rummms nicht richtig denken konnte.

Ich ärgere mich auch und überlege mir, wie man an der dicken Bosch Rache nehmen kann. Ich glaube, ich habe schon eine Idee...

Ja, das müsste klappen!

24. Oktober 2016

Ich komme aus einer ganz großen Stadt in Afghanistan, sie heißt Mazar e Sharif. Jetzt lebe ich in einer ganz kleinen Stadt in Bayern, in Niederbayern.

Aber ein bisschen erinnert mich das an meine „watan", an meine Heimat. Auch hier ist das Land ganz flach und am Ende der Ebene sind viele Berge, aber nicht so steil und so hoch wie die Berge bei uns zuhause.

Das Flache nennt man „Gäuboden" und die Berge „Bayerischer Wald", das hat mir ein Betreuer aus meinem Heim gesagt.

In dem Heim wohnen viele Jungen ohne Eltern, sie kommen aus Syrien, dem Irak und aus Afghanistan. Zwei kommen sogar aus Afrika, ihre Haut ist ganz dunkel.

Wir alle sind geflohen, weil in unseren Ländern so viel Hass, Gewalt und Armut sind.

Bei uns in Afghanistan ist das auch so.
Mein Vater ist Diener in einer Moschee,
einem Gebetshaus, gewesen. Er hat dort
sauber gemacht und im-
mer frisches Wasser für
die betenden Menschen
bereitgestellt.
Wir Muslime waschen
uns nämlich gründlich,
bevor wir beten. Den
Kopf, die Hände, die
Füße. Wir wollen innen
und außen sauber mit
Allah sprechen.

مزار
شریف

Weil mein Vater in der Moschee aber so
wenig Geld verdient hat, hat er öfter in
der Woche an einer großen Straße Obst,
„mewa", verkauft. Dort ist es sehr, sehr
laut und heiß im Sommer.

Und es gibt viel Staub und schlechte Luft von den vielen Autos. Eines Tages aber ist er nicht mehr heim gekommen am Abend.

Es war ganz schlimm. Eine Bombe der Taliban ist in seiner Nähe explodiert und hat ihn getötet.

Als meine Mutter das gehört hat, hat sie zuerst geschrien, dann hat sie aufgehört zu reden und zu kochen. Bis heute sitzt sie da und starrt vor sich hin. Ich denke, sie hat ihren Verstand verloren. Sie hat meinen Vater sehr geliebt, wirklich!

Onkel Najib hat mich dann eines Tages geholt und zu sich genommen in ein kleines Dorf in den Bergen.

Meine großen Brüder sind zuhause geblieben und haben sich um unsere verwirrte Mutter gekümmert. In dem Dorf konnte ich nicht mehr zur Schule gehen.

Den ganzen Tag musste ich auf die „gosfand", die Schafe, von meinem Onkel aufpassen. Ich hasse die Taliban dafür, dass sie meinen lieben Vater getötet und meine Mutter verrückt gemacht haben. Sie haben unsere Familie und meine Zukunft kaputt gemacht.

Aber „mashalla", Gott sei Dank, habe ich meinen Onkel Najib. Er ist jetzt wie ein Vater zu mir gewesen, obwohl er selbst ganz arm ist und eine große Familie mit vielen Kindern hat. Er hat ein sehr gutes Herz.

Eines Tages ist dann mein älterer Lieblings-
bruder Aryan gekommen und hat gesagt:
„Hamid, ich habe Geld. Wir gehen jetzt nach
Europa. Wir können hier nicht mehr leben,
die Taliban sind überall. Wir haben keine
Zukunft hier. Es ist nur Tod und Hass in
unserem Land!"
Ich weiß nicht, woher Aryan das viele Geld
für die lange „safar", die lange Reise, ge-
habt hat. Ich habe ihn auch nie gefragt.
Unter vielen Tränen habe ich Abschied von
Onkel Najib und seiner Familie genommen.
„Choda hafez", auf Wiedersehen!
Aber ein Wiedersehen wird es wohl nicht ge-
ben. Wir sind weggegangen. Wahrscheinlich
für immer.

27. Oktober 2016

Das war alles sehr „ghamgin", sehr traurig, was ich letztes Mal geschrieben habe. Jetzt kommt wieder etwas Lustiges, heute haben wir einen Scherz gemacht und ein bisschen Rache an Frau Bosch genommen.

Franz und ich sind abends zu dem Haus gegangen, wo sie im ersten Stockwerk wohnt. Durch die Fenster hat man sie oben in der Küche arbeiten sehen. Franz ist ganz „machfi", ganz heimlich, zur Haustüre geschlichen und hat bei ihr „zang zadan" gemacht, geklingelt. Dann ist er davon gelaufen.

Sofort ist das Licht im Treppenhaus angegangen und die dicke Frau Bosch ist nach unten gestiegen. Wie sie die Tür aufgemacht hat, habe ich sie oben mit meinem Handy angerufen. Ihre Nummer haben wir im Telefonbuch gefunden.

Wie sie oben ihr Telefon gehört hat, ist sie gleich wieder die Treppen hoch. Das hat aber gedauert, weil sie ja so dick ist.

Wie sie laut schnaufend abgehoben hat, habe ich wieder aufgelegt und Franz ein Zeichen gegeben. Der ist wieder zur Tür hin und hat wieder geläutet. Durch das Fenster habe ich gesehen, wie sie ihre Hände über dem Kopf zusammen geschlagen hat und wieder nach unten ist.

Sie war so gestresst, dass sie vergessen hat, einfach vom Fenster aus nachzuschauen, wer unten ist. Kaum war sie an der Tür, habe ich oben wieder angerufen, sie wieder hinauf...

Wie sie abgehoben hat, hat sie hart geschnaubt wie eine alte Kamelstute. „Hetzt mich doch nicht so!", hat sie geschrien. Ich habe natürlich nichts gesagt und wieder aufgelegt. Sie hat sich in einen Sessel fallen lassen und mit einem Tuch über ihren feuerroten Kopf gewischt. Ich glaube, sie war total „charab", total kaputt.

Franz und ich mussten so viel lachen. Hoffentlich können wir uns in der Schule zusammenreißen, wenn wir sie wieder sehen. Denn in der Schule ist sie die „maleka", die Königin, da müssen wir sehr vorsichtig sein, sonst macht es wieder Rummms...

Und das ist dann gar nicht mehr lustig!!!

1. November 2016

Wir haben eine Woche keine Schule. Die Christen in Bayern feiern heute Allerheiligen. Da gehen sie auf den „qabrestan", den Friedhof, besuchen dort ihre Toten und beten für sie. Ich habe beobachtet, dass der „mullah", der Pfarrer, mit Wasser und einer rauchenden, silbernen Teekanne, die an langen Ketten hängt, auf dem Friedhof herumgegangen ist.

Am Abend habe ich dort viele rote Lichter gesehen, das war schön und friedlich. Ja, bei den Toten ist es „aram", ruhig. Sie machen keinen Krieg mehr und streiten nicht. Warum machen die Lebendigen das immer so? Ich verstehe das nicht.

Letzte Woche hat mich im Bus ein Mann ganz böse angeschaut und leise zu mir her geschimpft. Ich habe ihm nie etwas getan, warum mag er mich nicht? Die Toten auf dem Friedhof können nicht mehr schimpfen. Das ist gut. Das gefällt mir.

Aber eines verstehe ich nicht hier in Deutschland. Ich bin einmal mit einem Betreuer in die Stadt Passau gefahren. Da sind wir auch an einer kleinen „karchana", einer kleinen Fabrik, vorbeigekommen. Aus dem Kamin dort kam viel Rauch.

Ich habe meinen Betreuer gefragt, was dort gemacht, hergestellt, wird. Er hat gelacht: „Da wird nichts gemacht, Hamid, da werden tote Menschen zu Asche verbrannt. Das nennt man ein Krematorium."

Ich konnte nicht glauben, was mir mein Betreuer sagte, wirklich. Das geht doch nicht, dass man Menschen zu einem Haufen Staub verbrennt. Haben denn die deutschen Menschen keinen Respekt vor ihren Toten? Warum machen sie sie ganz kaputt? In meinem Land und in meiner Religion geht das nicht. Mein Betreuer hat zwar versucht, mir zu erklären, dass sich der Körper eines Toten doch sowieso einmal auflöst, auch in der Erde, wo es bloß länger dauert. Und dass sich das am Ende gleich bleibt. Ich verstehe das aber trotzdem nicht. Vielleicht kann ich das später einmal begreifen.

Und noch etwas hier ist schlimm für mich. Der Opa vom Franz wohnt in einem großen Haus, in dem nur alte Menschen sind. Sie dürfen nicht mehr bei ihren Familien leben, wo sie doch eigentlich hingehören.
In Afghanistan sind die Großeltern immer bei ihren Kindern und Enkeln. Sie sind alt und wissen deshalb sehr viel vom Leben. Ihre Ratschläge sind uns ganz wichtig.

Keiner macht sie einfach
weg. Da würden wir uns
auch vor Allah fürchten,
er mag die alten Men-
schen genauso wie die
jungen. In dem großen
Haus mit den alten Men-
schen bin ich sehr traurig
gewesen. Auch viele der Leute
dort haben nicht so glücklich ausgeschaut.
Der Opa vom Franz hat viel gefragt, was
zuhause bei seiner Familie alles los ist. Ich
glaube, er wollte so gerne wieder heim. Aber
Franz hat gesagt, dass der Großvater nicht
mehr gut gehen kann und auch sonst sehr
viel Hilfe braucht jeden Tag.
Die Eltern von Franz müssen aber immer
arbeiten und haben deshalb keine Zeit für
den Großvater.

In Afghanistan haben die Menschen auch viel Arbeit, aber trotzdem, ihre alten Menschen geben sie nicht her. Heute ist mir Deutschland ganz, ganz fremd.

16. November 2016

Es ist ein trauriger Novembertag heute. Es gibt viel Nebel. Aber wir haben schulfrei, weil Buß-und Bettag ist. Was das für ein Tag ist, weiß ich nicht, aber Hauptsache, heute ist mal keine Schule.

Franz hat mich am Nachmittag eingeladen. Er wohnt auf einem Bauernhof mit vielen, vielen „gaw", Kühen, „morgh", Hühnern, „chouk", Schweinen, und ein paar Traktoren, die sind größer als die Panzer, die in Afghanistan noch von den vielen Kriegen überall herumliegen.

In der Küche vom Franz waren auch sein Vater und ein anderer Mann, ein Freund vom Vater. Franz und ich haben einen Film im Fernsehen angeschaut. Auf einmal hat der Vater gesagt: „Den ganzen Tag glotzen, kommt's lieber her, dann machen wir ein bisserl richtige Integration!"

Dann haben die beiden Männer gelacht. Integration, das heißt lernen, wie man hier in Deutschland oder hier in Bayern lebt. Das weiß ich schon.

Franz und ich haben uns zu den beiden an den Tisch gesetzt. Die haben aus Flaschen Bier getrunken und Spielkarten auf dem Tisch gehabt. In Afghanistan habe ich viel mit meinen Brüdern Karten gespielt und ich war sehr gut darin. „Des san bayrische Kart'n", hat der Vater gesagt, „heut lernen wir dir Watten!" Franz musste mir alle Karten zeigen und erklären, was sie bedeuten. Es gibt vier „rang", vier Farben. „Herz", das ist einfach, weil da wirklich auf den Karten ein Herz drauf ist. „Gros", das heißt nicht „kalan", groß, sondern Gras.

Das ist auch leicht, weil die Karten ein grünes Blatt haben, grün wie Gras. Das Wort „Eichel" habe ich noch nicht gekannt. Das ist die Frucht von einem Baum, den es auch in meiner Heimat gibt.

Und „Schölln" sagt man in Bayern, wenn man einem so richtig mit der Hand eine ins Gesicht haut. Aber hier ist es eine Farbe der Karten. Dann gibt es noch Nummern und Buchstaben: 7,8,9,10,U,O,K,A. „Sieben" ist die schwächste Karte, „Ass" die stärkste. K ist „malik", König, das ist leicht. Die Bayern sagen zu Ass „chouk", Sau, was ich ja schon als Schimpfwort gehört habe und Schwein heißt. Jedoch ist nur auf der „Schölln-Sau" auch tatsächlich ein Schwein zu sehen.

Die wichtigsten Karten sind die drei Kritischen. Der stärkste ist der „malik e qalb", der König mit dem Herzen. Er macht alles kaputt, was ihm in den Weg kommt.

Dann kommen „Belle" und „Soich". „Belle" heißt in Bayern Kopf, meistens ein großer

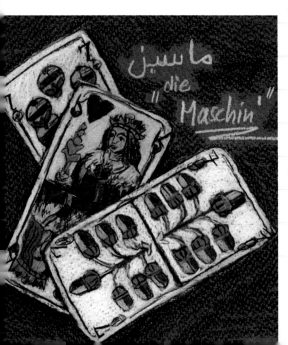

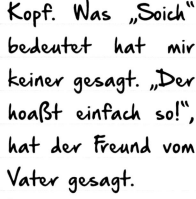

Kopf. Was „Soich" bedeutet hat mir keiner gesagt. „Der hoaßt einfach so!", hat der Freund vom Vater gesagt.

Ich glaube aber, dass einer in meiner

Klasse so was schon mal gesagt hat, wie er aufs Klo musste, „schasch kardan", bieseln. Wenn man alle drei Kritischen hat, nennt man das eine „Maschin". Wahrscheinlich, weil man wie mit einem Maschinengewehr, einer Kalaschnikow, alle anderen Mitspieler „abschießen" kann.

Dann habe ich noch die Regeln gelernt und wir haben drei Probespiele gemacht. Wie die anderen geglaubt haben, dass ich alles verstehe, haben sie gesagt: „Jetzt wird's ernst mit der Integration. Wir spiel'n richtig um Geld." Ich habe gleich ein paar Zwanzig- und Fünfzig-Centmünzen aus meiner Hosentasche gezogen und auf den Tisch gelegt. Der Vater hat gelacht und gemeint: „Schau dir dein Geld nochmal gut an, Hamid, weil bald siehst es nimmer!" Und alle am Tisch -außer mir- haben gelacht.

Wie die Karten ausgeteilt waren und „Gros‘‘‘ angesagt war, habe ich gleich „gom scho", „Geh", „Haut ab" gerufen.

Das heißt für die anderen, dass sie aufgeben sollen. „Na, na, so schnell schießn die Preissn ned und die Afghanen schon gar ned!", hat der Papa vom Franz gerufen und wieder haben alle gelacht.

Nach dem Spiel habe ich viel Geld gehabt und keiner hat mehr gelacht. Ich habe den Herzkönig, den Belle und noch zwei ganz gute Karten in „Gros" gehabt. „O leck, des geht ja schon guad an!", hat der Freund vom Vater gesagt.

Wir haben noch viele Spiele gemacht und ich habe oft gesiegt. Am Ende hatte ich fast sieben Euro. „Respekt", hat der Vater von Franz gesagt, „Nächstes Mal mach ma weiter mit der Integration. Da lern‘ ma dir Schofkopfa! Dann bist a richtig bayrischer Bua, wenn du des kannst." Und der Franz war richtig stolz darauf, bald einen voll bayrisch integrierten Afghanen zum Freund zu haben.

3. Dezember 2016

Einige Schneeflocken sind vom Himmel gefallen, ganz wenige nur. Onkel Najib hat mir auf dem Handy ein Foto von der berühmten Blauen Moschee in Mazar e Sharif geschickt. Dort liegt schon sehr viel Schnee, alles ist weiß. Das schaut so gut aus. Jedes Jahr gibt es viel Schnee in Mazar e Sharif.

In Afghanistan sagt man: Wenn in einem Winter kein Schnee auf die Blaue Moschee fällt, dann kommt ein ganz schlimmes Jahr für Afghanistan.

Aber jedes Jahr ist bis jetzt Schnee gekommen und doch ist es jedes Jahr schlechter geworden in meiner Heimat. Die Leute sind arm, die Taliban kommen immer wieder.

So viele Tote und Verletzte. Was soll da noch schlimmer werden als jetzt?

Da müsste schon ein Erdbeben das ganze Land zerstören oder ein Stern vom Himmel fallen, der alles total vernichtet in meiner Heimat.

Trotzdem habe ich heute großes Heimweh gehabt. Das Foto von der Moschee ist so wunderschön und ich denke an die guten Jahre mit meiner Familie zurück.

Ich vermisse meinen toten Vater und meine Mutter, die sich nicht mehr selbst helfen kann und auf meine Brüder angewiesen ist.

6. Dezember 2016

In Bayern gibt es manchmal seltsame, unheimliche Sachen, die mir Angst machen. Gestern Abend, als ich vom Einkaufen zurück in mein Heim gehen wollte, habe ich so etwas gesehen.

Es war schon finster und in einer Gasse mit wenig Licht und ohne andere Menschen sind mir plötzlich drei Leute entgegengekommen. Zuerst habe ich nur ihre Schatten gesehen, aber dann habe ich erkannt, dass der Mann in der Mitte eine große Mütze aufhatte, die wie eine umgedrehte Tüte ausgeschaut hat. Ich habe erkannt, dass das ein „kaschisch", ein Mullah der Christen, sein muss.

Er hat ein Kreuz auf der Mütze gehabt und einen langen Stab in der Hand, der oben wie eine Schnecke gebogen war. Das alles hat schön ausgeschaut und da habe ich mich auch noch nicht gefürchtet. Aber dann habe ich erst gemerkt, wen er dabei gehabt hat: Zwei Männer mit langen Bärten, ganz schwarz angezogen, mit Stöcken in der Hand und mit Säcken.

„TALIBAN!!!", schoss es mir sofort durch den Kopf. „Bei Allah! Taliban!"

Zuerst war ich gelähmt wie ein „kargousch", wie ein Hase vor einer Schlange, dann bin ich gerannt wie verrückt. Gerannt um mein Leben!

Wie die zwei Taliban das gesehen haben, haben sie wild geschrien und sind hinter mir hergelaufen. „Ba choda", mein Gott, hoffentlich haben sie keine Kalaschnikow dabei wie die Taliban in Afghanistan!

Die Angst vor ihnen hatte mich wieder gepackt, wie ein schwarzes, grausiges Monster. Und die Angst hat mich laufen und laufen lassen wie damals in Mazar e Sharif, als ich zum ersten Mal Taliban sah. Ich weiß nicht wie, aber endlich war ich wieder im Heim und bin gleich zu meinen Betreuern gerannt.

„Ihr müsst die Polizei holen!!! Schnell! Taliban! Hier!"

„Ruhig, ruhig", sagte Melanie, eine Betreuerin, „In Bayern gibt's doch keine Taliban!"

„Doch", schrie ich, „ich habe sie gesehen! Ganz echt!" Und dann habe ich alles erzählt. Da mussten die Betreuer alle furchtbar lachen und ich wurde sehr böse, weil sie mir nicht glauben wollten. Aber daraufhin haben sie mir erklärt, was ich gesehen habe.

Den Nikolaus und zwei Krampusse, Männer, die als „sheitan", als Teufel, verkleidet sind, um Kinder zu erschrecken. Und ich, Hamid, bin auf so etwas hereingefallen! Ich glaube, die beiden Krampusse haben sich sehr ge-

freut, dass sich doch noch ein Kind vor ihnen gefürchtet hat. Franz hat mir heute nämlich in der Schule erzählt, dass die deutschen Kinder schon lange keine Angst mehr vor denen haben.

20. Dezember 2016

Ich bin jetzt ganz fertig und verzweifelt. In Berlin hat ein Mann mit einem LKW auf einem Weihnachtsmarkt viele Menschen tot gefahren.

Im Fernsehen haben sie gesagt, der junge Mann aus Afrika ist ein Muslim. Aber ich weiß, er ist kein guter Muslim. Hilflose Menschen töten, das will Allah nicht.

Ich denke mir das so: Gott hat alle Menschen gewollt und gemacht. Wenn ich einen Menschen umbringe, dann spucke ich Allah ins Gesicht. Ich zeige ihm, dass ich nicht zufrieden bin mit dem, was er geschaffen hat. Nein, der Mann ist kein richtiger Muslim, aber viele Leute in Deutschland werden jetzt noch mehr Angst vor uns haben. Sie meinen, wir sind alle so gemein und böse, aber das stimmt nicht.

In meinem Koran steht, dass Gott immer großzügig ist und uns Menschen sogar mehr liebt als seine Engel. Aber das wissen nicht viele Deutsche hier. Das macht mich sehr traurig.

24. Dezember 2016

Es ist Weihnachten. Das ist ein großes Fest mit vielen Lichtern für die Christen. Sie feiern die Geburt von „Isa", der bei ihnen „Jesus" heißt. Von ihm und seiner Mutter Maryam steht auch viel in meinem Koran. Wir glauben, dass Isa der größte Prophet vor Mohammad, unserem Propheten, war.

Aber wir glauben nicht, dass Allah einen Sohn hat und Isa dieser Sohn ist. Aber trotzdem ist Isa auch ein ganz besonderer Mensch für uns.

Deshalb bin ich heute auch in die „kalisa", in die Kirche, gegangen. Der „kaschisch", der Pfarrer, hat mir in der Schule gesagt: „Das wäre schön, wenn du als einer der heiligen drei Könige beim Krippenspiel mitmachst. Weil du ja wirklich jemand bist, der aus dem Osten, aus dem Morgenland, kommt."

In der Schule haben wir geprobt und heute das Spiel in der Kirche aufgeführt. Ich habe sogar einen Satz in Persisch sagen dürfen: „Malik e nau kodscha asst?"

Das heißt: „Wo ist der neue König?" Auch Medahnie, der aus Afrika kommt, und Abdulrahman aus Syrien haben als Könige mitgespielt. Mein Freund Franz war der böse König Herodes, der den kleinen Isa ermorden wollte. Franz hatte eine rote Perücke und eine große Krone aus Pappe auf dem Kopf. Er hat richtig „dewana", richtig verrückt, ausgeschaut. Viele Leute haben nach der Kirche gemeint: „Das war schön, dass ihr die heiligen drei Könige gespielt habt. Das hätte niemand besser machen können als ihr."

Da war ich richtig stolz.

In der Kirche ist aber vieles anders als in unserer Moschee. Es gibt Bänke und Stühle, man sitzt nicht auf dem Boden, auf einem Teppich, wie bei uns.

Und wenn die Menschen die Kirche betreten, dann waschen sie sich auch, aber nur ganz, ganz wenig. Sie tauchen ihre Hand in eine Schüssel mit Wasser am Eingang und machen sich ein klein bisschen nass am Kopf und sonst wo am Körper. Wenn ich mich so wasche am Morgen nach dem Aufstehen, dann sagt meine Betreuerin Jasmin, dass ich Waschen wie eine „peshak", wie eine Katze, mache. Katzenwäsche nennt sie das.

Die Christen mögen das Wasser wahrscheinlich nicht so gerne wie wir Muslime, weil sie sehr sparsam damit umgehen, zumindest in ihrer Kirche. Im Heim haben wir dann auch alle Weihnachten gefeiert. Es hat etwas besonders Gutes zum Essen gegeben und die Betreuer haben uns Geschenke gekauft. Das war wirklich sehr schön.

1. Januar 2017

Ein neues Jahr hat begonnen in Deutschland. Gestern haben wir eine Party gemacht mit afghanischer und syrischer Musik. Da wird immer viel getanzt. Und es gibt viel Spaß. Ein Betreuer hat gesagt, dass ihm das sehr gefällt, dass wir auch ohne Alkohol so lustig sind.

Als Muslime dürfen wir keinen Alkohol trinken und ich bin sowieso zu jung dafür. Auch viele Raketen haben wir um Mitternacht in den Himmel geschossen. Die Glocken der Kirche haben geläutet. Und es waren viele Menschen auf der Straße.

Das hat mich an die Zeit im Iran erinnert, wo abends auch die Leute auf die Straßen gehen und miteinander reden und feiern. In Bayern ist es am Abend immer so tot. Alle sind in ihren Häusern. Das ist sehr komisch und irgendwie langweilig.

Aber gestern war das anders. Lustig war auch, dass am Nachmittag Musikanten mit Trompeten und einer Trommel von Haus zu Haus gezogen sind. Sie haben bayerische Musik gemacht, die ich gerne mag, und sie haben von den Leuten in den Häusern Geld bekommen. Ich glaube auch Alkohol, weil einige der Musikanten sehr lustig waren und so schief gegangen sind, so „schepps", wie man in Bayern sagt.

Viele Deutsche sind in der Nacht auch zu uns gekommen ans Heim und haben uns alles Gute für die Zukunft gewünscht.

Ja, die Zukunft! Das ist so ein Problem. Viele Jungen im Heim haben so viel Angst davor. Sie fürchten sich vor den Interviews beim Ausländeramt, wo sie gefragt werden, warum sie nach Deutschland gekommen sind. Ein paar Monate später bekommen sie dann einen Brief, in dem steht, ob sie bleiben dürfen oder wieder zurück müssen in ihre Heimat.

Das ist schlimm, dieses Warten. Viele machen eine Ausbildung, weil das für sie die einzige Chance ist, hier zu bleiben. Dann war im Fernsehen ein Bericht, der gezeigt hat, wie

Flüchtlinge mit einem Flugzeug wieder nach Kabul, in die Hauptstadt Afghanistans, geflogen wurden. Das war schrecklich.

Viele der Jungen können nicht mehr schlafen, weil sie so viel Angst haben, wieder zu den Taliban geschickt zu werden. Manche Leute in Afghanistan nennen uns Flüchtlinge auch „Hundewäscher".

Sie wollen sagen, dass wir keine Ehre haben, weil wir unser Land verlassen haben und

„die Hunde der Deutschen waschen". Das heißt, dass wir alles machen und uns selber verkaufen würden, bloß, dass wir hierbleiben können. Einen Hund für andere waschen bedeutet, etwas ganz Niedriges tun, wofür man sich schämen muss. Auch ich habe Angst, dass ich von hier weg muss.

Ich habe Angst um meine Familie in Afghanistan, Angst um meinen Bruder Aryan, den ich an der Grenze zwischen dem Iran und der Türkei verloren habe und von dem ich auch nicht weiß, ob er überhaupt noch lebt.

Aber ich habe trotzdem viel Hoffnung für das neue Jahr. Ich will weiter gut lernen und nichts Schlimmes tun. Bei uns daheim ist Neujahr, „sal e nau", erst im März und wir haben nicht das Jahr 2017, sondern 1394. Wir zählen unsere Jahre ab der Zeit, als unser Prophet Mohammad von Mekka nach

Medina ausgewandert ist. Mekka und Medina sind zwei Städte in Saudi Arabien. Man nennt die Auswanderung unseres Propheten die „hidschra".

2. Januar 2017
Ich sitze am Fenster in meinem Zimmer und draußen fällt Schnee in dicken, weißen Flocken vom Himmel. Es ist das erste Mal in

diesem Winter, dass es so richtig schneit. Ich habe wieder Heimweh nach dem Schnee von Mazar e Sharif, nach der Blauen Moschee, nach meiner Familie und meinen Freunden in der Heimat.

„Your are homesick!", sagt David zu Heimweh. Er kommt aus Afrika und redet lieber Englisch statt Deutsch. Franz sagt zum Heimweh immer „Zeitlang". Das ist auch gut, weil die Zeit so lang ist. Sie vergeht sehr langsam, wenn man Sehnsucht nach zuhause hat.

Ich möchte gerne Deutsch lernen, aber heute geht nichts in meinen Kopf hinein. Und überhaupt: die deutsche Sprache: So schwierig, so „moschkel".

Keiner kann mir erklären: DER Löffel, DIE Gabel, DAS Messer. Warum ist der Löffel ein Mann, ein „der", das Messer ein Ding, ja das ist normal, das Messer ist wirklich eine Sache, ein „das". Und die Gabel, warum eine Frau? Obwohl, das mit der Gabel kann ich mir merken, weil Franz gesagt hat: „Es heißt DIE Gabel, weil Frauen auch stechen können und dir sehr wehtun, wenn du in sie verliebt bist, sie dich jedoch nicht mögen."

Ja, die deutsche Sprache ist so schwer, aber ich möchte sie, so gut es geht, lernen. Auch wenn ich jetzt Heimweh habe, ich möchte nicht mehr zurück in mein Land, wo die bösen Taliban mit ihren langen Bärten und ihren Bomben hocken.

17. Januar 2017

Heute waren wir mit meiner Klasse in München. Wir haben uns das Deutsche Museum angeschaut, das war sehr interessant. Am meisten hat mir gefallen, wie sich ein Mann in einen kleinen Käfig gesetzt hat. Der Käfig ist in die Höhe gezogen worden und dann hat jemand Strom eingeschaltet und ein leuchtender Blitz ist mit furchtbarem Krach im Käfig eingeschlagen.

Aber dem Mann im Käfig hat das nichts gemacht, weil der Strom außen am Käfig vorbei gelaufen ist. Das war wirklich toll.

Am Nachmittag haben wir dann noch die Allianz-Arena besucht. Auch das war für mich ein großes Erlebnis, weil ich die deutschen Fußballspieler, vor allem die Bayern sehr mag. Am meisten bewundere ich den Schweinsteiger, den alle Schweini nennen.

Der Name ist zwar blöd, aber er spielt sehr gut. Ich habe sogar ein Selfie in der Umkleidekabine gemacht, genau dort, wo sich der Schweini immer umgezogen hat. Er ist ja leider nicht mehr in München, sondern bei Manchester United.

Am lustigsten war die Mittagspause. Franz und ich waren im Englischen Garten. Das ist ein großer Park, der aber gar nicht in England ist und trotzdem so heißt.

Wieder etwas, das ich nicht verstehe. Eigentlich müsste er ja „Bayernpark" oder so ähnlich heißen, aber wahrscheinlich haben sie ihn nicht so genannt, weil es schon einen Bayernpark gibt. Ich war schon dort, da kann man Achterbahn fahren oder Wildwasser-Rafting machen.

Franz und ich haben die Leute im Englischen Park beobachtet. Sehr viele haben ihre Hun-

de dabei gehabt. Die Deutschen lieben ihre Hunde wie ihre eigenen Kinder. In Afghanistan ist das nicht so. Da haben viele Menschen Angst vor Hunden. Die beißen und leben frei in Rudeln auf den Straßen.
Ich habe schon gesehen, dass Leute mit Autos Hunde absichtlich tot gefahren haben. Nein, die meisten Afghanen mögen keine Hunde. Die Deutschen aber lieben diese Tiere.

Wir haben eine dicke Frau gesehen mit einem kleinen Hund, der war auch sehr dick. Franz hat gesagt, dass das ein Münchner Dackelhund ist. Die Frau war bayerisch angezogen mit einem grünen Hut mit Federn darauf und der Hund war auch bayerisch angezogen mit einem kleinen, grünen Mantel.

Das hat so dumm ausgeschaut. Die Frau hat immer mit dem dicken Dackelhund geredet und zu ihm gesagt: „Wauki, Wauki, Wauki. Ja, wo is denn mein Wauki?"

So was Dummes, sie hat ihn doch gesehen an der Leine. Warum fragt sie ihn dann ständig, wo er ist. Dann hat sie aus ihrer Tasche etwas zum Fressen herausgezogen. Wie der Wauki das gesehen hat, hat er sich mit seinem Mantel auf den Rücken gelegt und mit den Pfoten getan, wie wenn er klatschen wollte.

„Ja, super machst des, Wauki, Super!" Dann hat sie ihm was ins Maul geschoben und Wauki hat angefangen, zu schmatzen wie ein kleines Schwein. Dann wollte die Frau weitergehen, aber der Hund ist auf dem Rücken liegen geblieben.

„Ja, Waukerle, magst du noch was? Hast du Hungerle?", hat die Frau ganz süß gesagt und ihm wieder etwas zu fressen gegeben. Das ist noch fünfmal so gegangen, bis Wauki endlich aufgestanden ist, um weiterzulaufen.

Irgendwie hat mir der Hund leidgetan, dass er so dumme Sachen macht.

Ich glaube, wenn andere, normale Hunde das sehen, haben sie überhaupt keinen Respekt mehr vor ihm.

Und die Frau hat bestimmt keine Kinder, weil sie ihren Hund wie ein kleines Baby behandelt hat. Dann habe ich zum Franz gesagt: „Franzerle, magst du gehen? Kaufen wir uns Fresserle?" Wir haben so gelacht und sind weiter gegangen.

20. Januar 2017

Ich schreibe jetzt auf, wie ich meinen lieben, großen Bruder Aryan verloren haben. Es war ein ganz schrecklicher Tag in meinem Leben.

Nach langem Warten im Iran ist endlich der Mann gekommen, der mich, Aryan und viele andere Flüchtlinge an die Grenze zur Türkei gebracht hat. Wir mussten ihm dafür sehr viel Geld geben, 3000 Dollar für mich und meinen Bruder. Wir sind sehr lange gefahren, bis wir endlich in das Grenzgebiet gekommen sind. Dort haben

noch viele andere Leute gewartet. Es war auch sehr kalt und es hat geschneit. In der Dunkelheit sind wir los marschiert.

Nach zwanzig Stunden waren wir endlich an der Grenze und konnten schon den Zaun mit dem Stacheldraht sehen. Plötzlich hörten wir einen Schrei: „Stopp! Ich weiß, ihr seid hier! Stopp oder wir schießen!"

Dann waren da auch noch das Gebell von großen Hunden und Schüsse aus Gewehren. Die Polizei hatte uns entdeckt!

Die Angst schoss in uns hinein wie ein scharfes, schneidendes Messer. Der Mann, der uns hergebracht hatte, rief: „Lauft, lauft schnell, alle! Lauft zur Grenze! Nicht umschauen!"

Da sind wir gerannt und gerannt. Im Hintergrund immer die Schüsse und das Bellen der Hunde. Ein paar Mal bin ich hingefallen, weil es so steinig war. Meine Hose war zerrissen und mein Bein hat geblutet. Es war einfach schrecklich.

Endlich waren wir am Grenzzaun. Wir zogen schnell unsere Jacken aus und warfen sie über den Stacheldraht. Dann kletterten wir darüber. Aber trotzdem waren meine Arme ganz blutig von dem Draht, weil ich immer wieder abgerutscht bin.

Schließlich hat mich ein großer Mann ge-packt und über den Zaun geschoben. Dann wieder laufen und laufen. Immerhin, wir wa-ren in der Türkei. Nach einiger Zeit hörten wir keine Schreie mehr und keine Hunde, nur noch das leise Fallen des Schnees.

Wir stapften, zitternd vor Kälte und Angst, wieder Stunden lang dahin, bis wir zu ei-ner Berghütte kamen, wo wir uns erschöpft schlafen legten.

Aber ich konnte nicht schlafen, obwohl ich so müde war. Ich habe nur noch geweint. Schon bald nach der Grenze habe ich gemerkt, dass Aryan nicht mehr in der Gruppe war.

„Den werden sie erwischt haben!", hat einer gesagt, „Da kann man jetzt nichts mehr machen."

Diese Worte waren für mich wie ein harter Schlag in den Bauch. Ich konnte nichts mehr denken als: „Aryan, Aryan, wo bist du. Ich brauche dich, mein Bruder. Wo ist mein Bruder? Ich kann nicht allein sein!"

Irgendwann bin ich dann doch – total fertig – eingeschlafen. Am nächsten Tag hat man uns auf Lastwägen nach Istanbul gebracht. Das ist eine sehr schöne Stadt zwischen Europa und Asien. Aber ich weiß fast nichts mehr davon, weil ich nur an meinen Bruder denken musste.

Ich habe in keiner Stadt so viel geweint wie in Istanbul, nicht einmal in Mazar e Sharif. Trotzdem, ich gebe die Hoffnung bis heute nicht auf, ihn einmal wieder zu sehen, er muss noch leben, weil ich ihn brauche.

Das ist mein größter Wunsch, meinen Bruder wieder in die Arme zu nehmen. „Inshalla", „So Gott will", hoffentlich!

25. Januar 2017

Mein alter „moallem", mein alter Lehrer, war heute wieder da. Sein Name ist Herr Matschek. Er ist schon über 70 Jahre alt, aber in seinem Kopf ist er noch sehr frisch und jung.

Er ist sehr klug und war früher „modir", Rektor, an einer großen Schule. Er kommt ein paar Mal in der Woche, um mit mir Deutsch und Mathe zu machen. Er tut das auch nicht für Geld, er bekommt gar nichts dafür und er will auch nichts.

Ich habe ihn sehr gerne und wahrscheinlich kann ich so gut Deutsch, weil er mir immer hilft. Er sagt, dass ich wie ein Enkelkind für ihn bin, und das freut mich riesig.

Herr Matschek war selber als Kind ein Flüchtling. Er hat mir erzählt, dass er 1944 mit seiner Mutter und seinen Brüdern aus Polen geflohen ist. Sein Vater wurde kurz vorher schon im Kampf mit den Russen getötet.

Das war die Zeit des Zweiten Weltkriegs, den die Deutschen am Ende verloren haben. Von einem Tag auf den anderen musste die Familie von Herrn Matschek ohne Vater die Heimat verlassen.

Vieles, was er von seiner Flucht berichtet, erinnert mich an das, was ich erlebt habe. Dass Herr Matschek Lehrer geworden ist und sogar Rektor, das macht mir Mut. Ein Flüchtling kann sehr viel erreichen, wenn er es wirklich will.

Und ich will das auch, viel lernen und hier in Deutschland einen guten Beruf machen.

Ich bin Herrn Matschek sehr dankbar, dass er für mich wie ein „padar kalan", wie ein Großvater ist. Und er sagt auch immer zu mir, dass ich sehr „huschjar", sehr klug, bin. Ich wünsche mir, dass viele Deutsche so sind wie er und ich wünsche mir auch, dass alle Flüchtlinge hier sehen, dass sie eine Chance haben, wenn sie sich bemühen und nichts Schlimmes machen.

Leider gibt es das auch, dass manche von uns nicht so gut sind. Das ärgert mich dann, weil schlechte Sachen auch auf die guten Leute von uns zurückfallen und die Deutschen dann ein falsches Bild von uns bekommen.

Aber man darf nicht aufgeben, das sagt Herr Matschek immer zu mir, vor allem, wenn es mir nicht gut geht und ich traurig bin.

27. Januar 2017

Max, ein Betreuer, hat mich in die Metzge-
rei geschickt zum Brotzeit holen. Brotzeit,
„waqt e nan", das machen die Bayern gerne.
Ich habe dazu ein paar Leberkässemmeln
besorgt.

Franz hat mir gesagt, dass im Leberkäs we-
der „dschigar", Leber, noch „paneer", Käse,
drin sind. Aber in den Leberknödeln, die
man in Bayern gern mit Suppe isst, da ist
dann wirklich Leber drin. Die Bayern sind
schon ein seltsames Volk und ihre Sprache
ist tief geheimnisvoll.

Es gibt auch einen Spruch in Bayern, der
mir sehr gefällt und wahrscheinlich auch vom
vielen Brotzeitmachen und vom Bier trinken
kommt.

Man sagt hier: „Ein Mann ohne Bauch ist
kein richtiger Mann."

Ich habe das Hossein aus Syrien erzählt, aber der hat gesagt, dass er den Spruch schon kennt, aber nicht aus Bayern, sondern aus dem Arabischen. Da sagt man das auch so.

Aber woher haben dann die Araber ihren Bauch, sie machen nicht Brotzeit mit Schwein und Bier?

3. Februar 2017

Wenn die Glocken zur Kirche läuten, ist das furchtbar laut und ich wache meistens davon auf, weil mein Zimmer in Richtung zur Kirche liegt. Bei uns daheim gibt es keine Glocken.

Der Muezzin ruft uns vom Minarett, dem Turm der Moschee, zum Beten. Aber meistens gibt es keinen richtigen Muezzin mehr, sondern der Gebetsruf kommt nur noch von einem Tonband. Das ist dann zwar modern, aber nicht mehr so schön.

Da fällt mir eine lustige Geschichte von unserer Flucht ein. Auf unserem Weg durch den Iran bis Teheran mussten wir oft weit zu Fuß gehen und waren dann müde wie ein Hund, „hundsmiad", wie man hier sagt. Einmal sind wir spät in der Nacht in eine Stadt gekommen,

deren Namen ich nicht mehr weiß. Aryan und ich sind auf ein Dach geklettert, um dort zu schlafen. In den Sommermonaten sind wir Afghanen viel auf den Dächern, weil es in den Häusern zu heiß ist.

Wir sind das Schlafen auf Dächern also gewohnt. Was wir aber in dieser stockdunklen Nacht nicht gesehen haben, war, dass wir uns direkt neben den riesigen Lautsprecher der Moschee gelegt hatten. Das haben wir aber am Morgen gewusst und wie!!!

Als plötzlich das „allahu akkbar", das „Gott ist größer als alles" durch den Lautsprecher kam, unglaublich laut, da bin ich so erschrocken, dass ich zur Seite gerumpelt bin. Leider war das Dach dort zu Ende und ich bin hart auf die Straße hinuntergefallen. Ich habe gedacht, das ist jetzt das Ende der Welt, der letzte Tag.

Aber „mashalla", Gott sei Dank, er war es nicht. Ich habe mir nur die Schulter und den Steiß geprellt. Mein Bruder Aryan konnte gar nicht mehr aufhören zu lachen, wie er mich so auf der Straße gesehen hat. Ja, Allah ist groß, „allahu akkbar", aber das hätte ich so auch gewusst, ohne diesen furchtbaren Lautsprecher.

14. Februar 2017

Heute ist der große Tag der Liebe, der Valentinstag. Seit ein paar Monaten bin ich auch verliebt. Das Mädchen heißt Conny und geht an der Schule in meine Klasse. Sie ist sooooo schön.

Ihre Augen sind blau wie der tiefe See, den ich in Afghanistan einmal gesehen habe. Ihre Haare sind lang und blond. Und ihre Lippen: Ich kann sie gar nicht beschreiben. Und Conny ist so „laghrar", so schlank, wie eine junge Dattelpalme.

Wie ich gemerkt habe, dass ich sie liebe und immer so ein komisches Gefühl im Bauch habe, wenn ich sie sehe, da habe ich mir auf mein Handy eine App herunter geladen. Da kann man alles lesen, was man einem Mädchen in Deutsch schreiben kann, wenn man verliebt ist.

Und so habe ich ihr auf Facebook diese Message geschickt. „Conny, du bist mein ganzes Leben. Und ohne dich kann ich nicht mehr glücklich sein und lachen, nur bitter weinen, weil du nicht bei mir bist. Du bist mein Herz und mein alles. Bitte, sage mir, dass du mich auch liebst. Ich verbrenne in Sehnsucht nach dir. Ich weiß nicht, wie ich noch leben kann ohne dich, mein süßester Engel."

Ich habe den Brief abgesandt – LEIDER!!! Denn ihre Antwort war ganz kurz: „Spinnst du?"

Ich musste Franz fragen, was „spinnen" heißt, und er hat mir erklärt, dass sie meint, ich sei „dewana", total verrückt. Franz hat auch gesagt, dass der Liebesbrief für das erste Mal völlig übertrieben war und sie vielleicht gedacht hat, ich möchte mich lustig über sie machen.

Aber „ba choda", bei Gott, das wollte ich natürlich nicht.

Dann hat mir Franz geholfen, einen neuen Brief zu schreiben. Darin ist gestanden, dass ich sie mag, dass sie mir sehr gefällt und sie so hübsch ist und dass ich gerne mit ihr Eis essen gehen würde.

Aber ihre Antwort war wieder sehr kurz: „Du gefällst mir nicht, du bist hässlich! Lass mich in Ruhe!"

Das war für mich wie eine Bombe, die mich zerreißt. ICH, hässlich??? Ich glaube, die spinnt! Trotzdem bin ich am Nachmittag gleich zum „salmane", zum Frisör, gegangen, um mir die Haare neu machen zu lassen. Ganz cool sehe ich jetzt aus, aber ich brauche morgens sehr lange bis ich das ganze Haargel und Spray richtig verteilt habe und meine Haare alle die richtige Höhe haben und passen.

Aber egal. Vielleicht gefällt ihr das, wenn ich nicht mehr wie ein kleiner „batscha", wie ein kleiner Junge, ausschaue.

Am Tag nach dem Frisörbesuch war eine Feier an der Schule. Da waren alle in der Aula versammelt. Leider war mein Platz so, dass ich nicht zu ihr hin sehen konnte und sie natürlich auch nicht zu mir. Da habe ich zum Lehrer gesagt: „Bitte, Herr Lehmann, ich muss auf die Toilette!"

Der hat nur genickt: „Ja, geh!" Dann bin ich aber sofort zu einem neuen Stuhl, von dem ich ihr direkt ins Gesicht blicken konnte. Wie sie hergeschaut hat, habe ich gleich

„tschaschmak" gemacht, das heißt, ich habe ihr zugeblinzelt. Das tut man so in Afghanistan, wenn man eine Frau auf sich aufmerksam machen will. Aber sie hat nur den Kopf geschüttelt und, ja und – mir ihre Zunge herausgestreckt.

Da war ich so fertig und kaputt, dass ich von der Feier gar nichts mehr mitbekommen habe. Und mein Bauch hat wieder ein bisschen wehgetan.

Was kann ich nur anstellen, um meine „kharbuza ye maghrur", meine stolze Zuckermelone, doch noch zu gewinnen?

Franz hat gemeint, das ist halt so, das musst du akzeptieren, sie mag dich einfach nicht. Und mein Onkel Najib hat geschrieben: „Ba chatere yak boz tu ne memiri, insahallah!"

Das heißt: „Wegen einer einzigen Ziege stirbt man nicht."

Er hat recht, aber was soll ich machen, ich kann meine Liebe nicht einfach ausschalten wie einen Fernseher, wenn ein schlechtes Programm läuft.

Heute ist Valentinstag und da habe ich eine ganz schöne, rote Rose für sie gekauft. Die wollte ich ihr in der Schule schenken.

Vielleicht eine letzte Chance. Ich konnte vorher nicht mehr schlafen, so nervös bin ich gewesen. In der Schule war ich dann plötzlich ganz „tarso", ganz feige.

Ich habe die Rose meinem Lehrer in die Hand gedrückt und ihm gesagt, er soll ihr die Rose überreichen, aber „machfi", geheim, also nicht sagen, von wem sie ist. Mein Herz hat geschlagen wie irre, wie er ihr die Rose mit einem Lachen gegeben hat.

„Von einem heimlichen Verehrer", hat er ihr zugeflüstert. Jetzt muss sie herschauen, dachte ich. Nur, ... sie schaute zu einem deutschen Jungen, zum Alex, und lächelte ihn an. Also in den ist sie verliebt, in diesen käsigen, dummen Alex.

Jetzt wusste ich Bescheid. Und plötzlich ist eine große Wut über mich gekommen und ich habe in mir gespürt, wie mein Stolz wieder aufgewacht ist.

„Gaw e ahmaq", blöde Kuh, habe ich mir gedacht. Ich bin Hamid und ich mache mich nie mehr zum Deppen, wie man in Bayern sagt, nie mehr zum Trottel für eine Frau.

Irgendwie habe ich mich auf einmal ganz frei gefühlt und das komische Gefühl im Bauch war weg. Und ich habe auf einmal gesehen, dass sie überhaupt gar nicht so schön ist, wie ich gemeint habe.

Auch heute Abend fühle ich mich noch so. Und ich werde jetzt ebenfalls nur noch

„maghrur", stolz, zu ihr sein. Ich schaue sie nicht mehr an, für mich ist der Fall erledigt. Vielleicht aber noch nicht ganz. Eine kleine Rache mache ich doch noch. Ich muss das mit dem Franz besprechen. Für so etwas ist der immer zu haben.

26. Februar 2017

Es ist Fasching. In der Stadt ist ein großer Umzug gewesen. Viele Leute waren lustig verkleidet. Ich auch, und zwar als Sindbad der Seefahrer, mit einem großen Turban auf dem Kopf und einem Plastiksäbel im Gürtel. Mein „padar e kalan", mein Großvater, hat mir als Kind immer die Geschichten von Sindbad vorgelesen aus dem Buch von tausendundeiner Nacht. Das war sehr spannend, was Sindbad da auf seinen Reisen erlebt hat.

Da war die Insel, die in Wirklichkeit ein riesengroßer Fisch war, dann der schreckliche Vogel Ruch, der Riese, der ein Menschenfresser war, oder das Nashorn, das so groß war, dass es auf seinem Horn einen Elefanten aufgespießt hatte. Ich war richtig, heute einmal Sindbad, der große Held, zu sein.

Franz ist als King Kong verkleidet gewesen. Seine Mutter hat ihm ein Gewand aus braunem Fell genäht. Er hat eine Gorillamaske aufgehabt und in der Hand eine Barbiepuppe, diese war die weiße Frau, in die sich der Riesenaffe verliebt hat.

Ich habe das im Film gesehen. Auf dem Stadtplatz ist noch viel getanzt und getrunken worden. Leider waren einige dann nicht

mehr so lustig und haben angefangen, sich zu schlagen. Aber die Polizei war sehr schnell da und hat sie wieder auseinander gemacht und ein paar davon mitgenommen. Ich habe mir gedacht, dass mein Prophet Mohammad recht gehabt hat, dass der Alkohol nicht so gut ist, vor allem dann nicht, wenn man zu viel davon erwischt.

1. März 2017
Der Ramadan der Christen beginnt jetzt. Fastenzeit heißt das hier. Und der Tag heute ist der Aschermittwoch.
Franz hat mich in die Kirche mitgenommen und ich habe auch Asche auf den Kopf bekommen. Der „kaschisch", der Pfarrer, hat

gesagt, man soll daran denken, dass man einmal zu Gott kommt und deshalb ein gutes Leben führen soll. Das sagen die Mullahs bei uns auch immer, jedoch das mit der Asche, dem Staub, machen sie nicht.

Es stimmt, einmal sind wir nur noch „khoschk", Staub. Aber hoffentlich noch lange nicht, weil es hier auf dieser Welt ja dann doch wieder recht schön ist.

Heute dürfen die Christen auch kein „guscht", kein Fleisch, essen, höchstens „mohi", Fisch. Das ist aber ganz schwierig in Bayern, weil auch in vielen anderen Lebensmitteln Schweinefleisch drin ist.

Mir haben die Gummibärchen so gut geschmeckt, bis mir Ali aus dem Heim gesagt hat, dass da Knochen vom Schwein dabei sind. Jetzt esse ich nur noch die Bärchen, die aus Pflanzen gemacht werden. Auch in

Hähnchen- oder Rinderwurst ist ein bisschen Schwein dabei, sagt man. Was ist das nur, dass die Leute hier immer Schwein brauchen. Das ist wie eine Sucht. Und, dass man oft nicht weiß, ob in einem Essen Schwein drin ist, das ist eine große Schweinerei. Oder wie man in Bayern sagt, ein „Saustall".

14. März 2017

Jetzt, da ich nicht mehr in Conny verliebt bin, merke ich erst, was sie für eine dumme, eingebildete Gans ist. Und Alex, der auch ein richtiger Angeber ist, ist jetzt tatsächlich ihr Freund. Aber mir ist das jetzt wirklich egal. Ich habe andere Probleme. So denke ich immer daran, wo mein Bruder Aryan ist, ob ich ihn wohl jemals wieder sehe. Und ich mache sehr viel für die Schule, weil meine Noten im Zwischenzeugnis so gut waren, dass ich vielleicht nächstes Schuljahr an die Realschule gehen kann. Ich wäre dann der erste Afghane an dieser Schule. Der Gedanke daran macht mich stolz.

Aber trotzdem haben Franz und ich gestern ein bisschen Rache genommen an dem tollen Liebespaar Conny und Alex.

Franz hatte eine wirklich „hinterfotzige" Idee dazu. Im Supermarkt haben wir einen Romadur gekauft, das ist ein Käse, der furchtbar stinkt, „bad bui", sagt man bei uns zu „stinken". Vor allem, wenn er nicht im Kühlschrank ist, wird der Geruch ganz unerträglich.

In einer Plastikdose haben wir den Romadur in die Schule mitgenommen und ihn extra noch unter die Heizung gestellt, dass er schön warm wurde und noch mehr seinen Gestank entfalten konnte.

Franz, der ja unverdächtig ist, hat in der Pause heimlich in die Schultaschen der beiden nur ein klein wenig von dem Romadur hinein geschmiert. Man hat ihn gar nicht richtig gesehen, aber dafür umso mehr gerochen. Obwohl ich ein paar Bänke weit von den beiden sitze, habe ich den Käse bis zu mir her geschmeckt.

In der Klasse war ein richtiger Aufruhr wegen dem Gestank. Es hat auch einige Zeit gedauert, bis man herausgefunden hat, wo das ganze herkam. Die Conny hat darauf hysterisch zu kreischen und zu plärren angefangen und vor Zorn sind ihr die Tränen in die Augen geschossen.

Wie eine Ziege, die man mit einem Stock

ärgert, ist sie herumgehüpft. Aber keiner hat gewusst, wer den beiden das Zeug in die Schultaschen geschmiert hat.

Franz und ich haben ganz unschuldig getan und auch gesagt, wie gemein das ist, so etwas zu machen.

Schließlich hat der Lehrer gemeint, sie sollen die Taschen auf den Pausenhof tragen, weil das ja nicht mehr auszuhalten war. Dann hat man alle Fenster weit aufgemacht, aber der Geruch war noch immer in unseren Nasen. Heute, am nächsten Schultag, haben beide neue Taschen gehabt.

Das wollten wir natürlich nicht, dass sie sich neue kaufen müssen, aber jetzt kann man daran nichts mehr ändern. Und irgendwie hat es ja auch nicht die Falschen getroffen.

Was mich wirklich wundert, ist, dass keiner darauf gekommen ist, dass ich etwas damit zu tun habe. Und wer hätte gedacht, dass Romadur dermaßen hartnäckig stinkt? Hh-hhhhhh...

25. März 2017

Mit Franz und seinen Eltern habe ich heute eine „hadsch" gemacht. „Hadsch" ist die Wall-fahrt nach Mekka. Natürlich waren wir nicht in Mekka in Saudi-Arabien, aber Franz hat gesagt, im „Mekka von Bayern", in Altötting. Dort pilgern viele Leute zu einer Figur von Maryam, der Mutter von Isa. In Deutschland heißt sie Maria und die Christen mögen sie gern. Sie glauben, dass sie wie eine richti-ge Mutter helfen kann, wenn sie will. Franz glaubt, dass das bayerische Wort „hadschen" vielleicht vom arabischen „hadsch" kommt. Ich weiß nicht, aber es kann sein, weil es so viele arabische Wörter in der deutschen Sprache gibt: Scheck, Mütze, Schachmatt (das kommt von „schah", König, und „matar", sterben. Der König ist tot.), Lakritze, Matratze, Sirup, Sheriff, Zucker, Bluse und ganz, ganz viele Wörter mehr. Wir haben einmal in Deutsch eine Stunde über arabische Wörter in Deutschland gehabt. Das war sehr interessant, weil es in meiner Sprache, in Dari, auch viele solcher Wörter aus Arabien gibt.

In Altötting habe ich mich aber doch ein bisschen an Mekka erinnert, das ich leider nur von Bildern kenne.

Alle gehen um die kleine Kirche herum, die innen ganz schwarze Wände hat und in der die Figur der Maryam mit dem kleinen Isa steht.

In Mekka gehen alle um die Kaaba herum, die ist aber außen schwarz und schaut aus wie ein großer Würfel.

Franz und seine Eltern sind dann in eine andere Kirche gegangen und sind nacheinander in ein kleines Häuschen

dort hinein, in dessen Mitte ein „kaschisch",
ein Pfarrer, gesessen ist. Er hat manchmal
hinter dem Vorhang dort heraus „gelurt",
heraus geschaut.

„Wie waren beichten", hat Franz gesagt. Man
erzählt einem Priester seine Sünden und der
vergibt dir im Namen von Gott, was du Böses
getan hast.

Ich habe mich gefragt, warum man dazu einen
„kaschisch" braucht. Wir können ja direkt mit
Allah sprechen und er hat versprochen, dass
er immer „rachmani" ist, immer barmherzig.
Ich jedenfalls möchte unseren Mullahs nicht
meine Sünden sagen. Dann waren wir in einer großen Kirche mit einer hohen Uhr, auf
der ein kleines Skelett eine Sense schwingt.
Das ist der „Tod von Eding".

Der Vater von Franz sagt, dass jedes Mal,
wenn der seine Sense schwingt, ein Mensch

auf der Erde stirbt. Das war irgendwie sehr gruselig. Und er hat auch nie aufgehört, langsam dahin zu mähen.

Wenn es so einen Tod in Afghanistan gäbe, müsste er eine „Turbosense" haben, weil dort so viele Menschen jeden Tag sterben.

Da wäre der Tod von Altötting viel zu langsam. Dieser Gedanke hat mich traurig gemacht und ich war froh, als wir wieder auf dem großen schönen Platz gestanden sind mit der Kapelle der Maryam. Nach dem Essen sind wir noch zu einer großen Burg gefahren.

Die Stadt unterhalb der Burg heißt auch Burghausen.

Ich habe noch nie eine richtige Burg gesehen. Ich kannte das nur aus Filmen. Das war ein ganz tolles Erlebnis für mich und ich konnte mich gar nicht satt sehen.

Am Ende des Tages habe ich Franz dann den Ehrentitel „Hadschi Franz" gegeben. Jeder der in Mekka war, darf sich „hadschi" nennen. Und Franz war ja in seinem Mekka, im bayerischen Mekka.

Und wenn er müde ist, dann sagt sein Vater manchmal zu ihm: „Franz, wia hatschst denn du daher? Geh g'scheid! Bist doch kein alter Mann!"

2. April 2017

Franz und ich haben heute die „barra", besucht, die jungen Lämmer.

Franz züchtet nämlich Schafe und hat viele davon auf einer großen, eingezäunten Wiese stehen.

Ich musste daran denken, dass das in meiner Heimat ganz anders war. In den Bergen bei meinem Onkel Najib habe ich auch auf die Schafe, die „gosfand", aufgepasst.

Aber dort ist es sehr trocken und es gibt nur wenig frische Pflanzen. In Deutschland braucht man mit den Schafen nicht herumziehen, weil es ein grünes Land ist, voll von saftigem Gras.

Afghanistan jedoch ist ein Land des „choschk", des Staubes. Und in den Bergen dort gibt es auch gefährliche Tiere. Einen „palang", einen Leoparden, habe ich „alhamdullilah", Gott sei Dank, nie gesehen, auch keinen „khers", keinen Bären.

Aber die „gorg", die Wölfe, waren ein Problem. Sie sind oft stundenlang um die Schafherde herum geschlichen und haben nur darauf gewartet, dass ein Tier weiter weg geht

von der Herde und der Hirte nicht aufpasst. Dann haben sie blitzschnell zugeschlagen und das Schaf gerissen. Ich habe einige Schafe durch Wölfe verloren.

Einmal kam ein großer, schwarzer Wolf ganz nahe an mich heran. Er hat die Zähne gefletscht und der Speichel ist aus seinem Maul getropft. Ich glaube, er hatte schrecklichen Hunger.

Er war allein, wahrscheinlich war er schon alt und hatte kein Rudel mehr. Ich werde sein tiefes Knurren nie vergessen. Ich habe wild geschrien und bin mit einem Stock auf ihn zu, aber er ist nicht zurückgewichen.

Ich hatte Angst, dass er meine Furcht spürte, denn dann hätte ich schon verloren gehabt. Und er hätte vielleicht statt einem Lamm mich gefressen. Er kam immer näher und sein Knurren wurde immer lauter und böser.

Ich habe angefangen, große Felsbrocken nach ihm zu werfen. Erst vier oder fünf Meter vor mir hat er umgedreht.

Ich hatte ihn mit einem Stein an der Schnauze getroffen. Da sind Wölfe, genau wie Hunde, sehr empfindlich. Er hat schrecklich aufgejault und gewinselt. Es muss ihm sehr wehgetan haben.

Dann hat er den struppigen Schwanz zwischen die Hinterbeine geklemmt und ist davon. Allah sei Dank, das war verdammt knapp.

Die Schafe vom Franz kennen so etwas nicht, sie stehen friedlich auf der Weide, immer hinter ihrem sicheren Zaun. Das ist auch besser so, dass es hier nicht gefährlich ist, Schafe zu haben.

11. April 2017

Weil Osterferien sind und viele in meinem Heim den ganzen Tag zuhause sind, haben unsere Betreuer heute einen Ausflug mit uns in den Bayerischen Wald gemacht. Auf den höchsten Berg dort, er heißt Arber.

Man nennt ihn den König des Bayerischen Waldes. Ich habe zuerst gedacht, dass dort eine Moschee auf dem Gipfel ist oder sogar zwei. Es sind nämlich so komische Gebäude dort oben, mit Kuppeln, aber ohne Minarett, ohne den Turm einer Moschee.

Das waren aber Wetterstationen, glaube ich, oder irgendetwas mit Funk. Ich weiß es nicht mehr. Wäre auch komisch gewesen, wenn sie da eine Moschee hinauf gebaut hätten.

Auf bayerischen Bergen sind Kreuze, weil die Leute hier ja Christen sind. Das ist normal.

Wir sind auch nicht mit der Seilbahn gefahren, sondern zu Fuß auf den Berg gestiegen. Ich denke, die Betreuer wollten, dass wir richtig „chasta", richtig müde, nach Hause kommen und dann nicht so laut sind, wie manchmal, wenn wir richtig gut aufgelegt sind und unsere Späße miteinander machen.

Der Aufstieg war auch wirklich sehr, sehr anstrengend und ich werde heute Nacht sicher gut schlafen.

Beim Wandern ist eine lustige Sache passiert. Der Dadullah, der erst seit zwei Monaten in Deutschland ist, ist ausgerutscht und in die Brennnesseln gefallen.

Er hat geschrien vor Schmerzen und gemeint: „Verdammter Mist, in Deutschland alles ist elektrisch. Sogar das Gras!" Wir haben so viel gelacht. Überhaupt ist er ein lustiger Junge, der immer Spaß macht und uns aufmuntert, wenn wir „ghamgin", wenn wir sehr traurig sind. Dabei hat er das gleiche Schicksal wie wir und wie es tief drinnen in ihm aussieht, das weiß man nicht.

Meine „madar e kalan", meine Großmutter in Afghanistan, hat gesagt, dass die lustigsten Menschen oft in Wirklichkeit die traurigsten sind.

16. April 2016

Heute ist Ostern, das ist das größte Fest der Christen hier. In der Stadt ist ein Brunnen, der ist mit vielen bunten „torgh e morgh", mit vielen Eiern, geschmückt. Das schaut sehr schön aus. Die Bayern glauben auch an einen „khargousch", einen Hasen, der für sie

Eier und Süßigkeiten versteckt. Das sagen sie ihren Kindern und die suchen dann die Nester mit den guten Sachen, die der Hase an einen geheimen Ort gebracht hat.

Der Franz glaubt aber nicht mehr an den Hasen, da ist er schon zu erwachsen. Im Heim haben wir ein Osterfrühstück gemacht mit vielen leckeren Sachen. Wir Muslime denken ja auch, dass Isa, Jesus, nicht tot ist, sondern bei Allah lebt.

Es gibt so viel, was in meiner Religion ähnlich ist wie bei den „masihi", den Christen. Und das freut mich, weil mich das ja auch mit meinem Freund Franz verbindet.

So fremd sind wir uns gar nicht, wir Muslime und Christen.

So sehe ich das jedenfalls.

22. April 2017

Es ist so gut, dass der lange, bayerische Winter vorbei ist. Ich mache jetzt ganz viel „warzesch", ganz viel Sport. Ich bin auch im Fußballverein hier und bin nicht schlecht als Stürmer. Mein großes Vorbild ist der Ronaldo. Aber die bayerischen Spieler sind auch sehr gut.

Ich schaue mir die Spiele vom FC München oft am Fernseher an und dann denke ich an den schönen

8III/17
peter mühlbaur

مرد
پیر
غمگین

Ausflug in die Allianz-Arena letztes Jahr.
In Afghanistan haben wir auch immer Fußball gespielt. Ein „mard de pir", ein alter,
freundlicher Mann hat uns die Erlaubnis gegeben auf seinem Feld mitten in Mazar e
Sharif zu spielen.

Das haben wir fast jeden Tag gemacht, bis
es dunkel geworden ist. Dann mussten wir
heim, weil es nachts auf den Straßen der
Stadt zu gefährlich war und niemand draußen sein durfte. Man wusste nie, ob die
Taliban nicht wieder unterwegs waren oder
andere böse Leute.

Noch mehr als Fußball aber mag ich Skaten.
Hier in der Nähe gibt es eine wunderbare
Halfpipe, dort verbringe ich sehr viel Zeit.
Auch dem Franz habe ich es schon ein biss-
chen beigebracht, wie man mit dem Skate-
board umgeht.

„Warum kannst du das so gut?", hat er mich gefragt. Ja, das habe ich auch schon in Mazar e Sharif gemacht. Viele junge Leute, sogar einige Mädchen, sind dort geskatet. Das war „azadi", Freiheit, für uns.

Wir haben Afghanistan auch „Skeitistan" genannt, ein neues Afghanistan, wo jeder frei ist und machen kann, was ihm gefällt. Den alten Mullahs und natürlich den Taliban gefällt das überhaupt nicht. Und wir haben uns immer vorgestellt, wie dumm sich die Taliban mit den Skateboards anstellen und auf ihre krummen Nasen fallen.

Sie sind furchtbare „Z'widerwurz'n", wie man in Bayern sagt. Leute, die immer gegen alles sind, was Spaß und Freude macht.

Sie sind so streng! Sie haben auch verboten, dass man eine Zeichnung von Gesichtern von Menschen und Tieren macht. Nur Allah darf

sich Menschen
ausdenken und
machen, behaup-
ten die Taliban.
Sogar auf den
Verkehrsschil-
dern oder auf
Verpackungen

im Su-
permarkt
haben sie
deshalb
alle Bil-
der von
Köpfen
und Ge-
sichtern

weggekratzt oder übermalt. Aber ich denke, Allah hat uns Gesichter gegeben, dass wir Freude daran haben. Warum sollen wir dann keine Bilder davon machen?

Damit nehmen wir doch Allah nichts weg. Auch wollen die Taliban nicht, dass die Mädchen in die Schule gehen. Frauen gehören nur ins Haus, sagen sie.

Sie bräuchten nichts lernen, da würden sie nur frech und ungehorsam ihren Männern gegenüber werden. Was geht nur in diesen schlimmen Taliban vor, dass sie so denken? Vielleicht sind sie ja in Wirklichkeit ganz unglückliche Menschen, weil sie keinen Spaß machen und immer „dschidi" sind, todernst. Der Vater vom Franz hat das auch gemeint, als wir einmal darüber gesprochen haben. Er hat gesagt: „Wer sich selbst nicht riechen kann, stinkt auch anderen!"

Ja, so ist es wahrscheinlich. Aber ich hasse sie trotzdem, weil sie so viele Menschen unglücklich oder tot gemacht haben. Auch meine Familie haben sie ruiniert.

30. April 2017

Franz hat mich heute zu einem sehr schönen Fest mitgenommen. Auf dem Stadtplatz haben junge Leute einen riesengroßen Baum aufgestellt.

Sie nennen ihn „Maibaum". Nur ganz oben am Baum sind noch ein paar Äste. Die sind mit bunten Bändern geschmückt. Sonst ist der Baum blau und weiß angestrichen.

Das sind ja die bayerischen Farben, weil man sagt, dass der Himmel hier immer blau und weiß ist. Aber das stimmt nicht, weil er manchmal auch grau ist oder nur blau.

Ich glaube, die Bayern mögen Bäume sehr gern. An Weihnachten stellen sie sich einen ins Wohnzimmer und schmücken ihn mit Kerzen und bunten Kugeln. Manchmal sehe ich auch kleine Bäume auf den Dächern von Häusern, die noch nicht fertig gebaut sind.

Und einmal habe ich bei einem Fest der Christen gesehen, dass die Straßen am Rand links und rechts mit lauter kleinen Bäumchen vollgestellt waren.

Dann sind der Pfarrer und viele Menschen daran vorbeigezogen. Der Pfarrer war unter einem goldenen Dach, das vier Männer getragen haben, das war sehr feierlich.

Wie aus einer Geschichte aus tausendundeiner Nacht hat das ausgeschaut, wenn dort ein Sultan in die große Stadt Bagdad einzieht.

Das Fest heute war auch sehr schön. Eine Kapelle hat lustige, bayerische Musik gespielt und natürlich ist wieder viel Bier getrunken worden. Und dann sind einige Jungen auf den Baum geklettert, „kraxeln" nennen sie das hier. „Da schaust, was wir uns trauen!", hat einer zu mir gesagt.

„Das kann ich auch!", habe ich geantwortet und schon war ich am Baum und bin hinauf. „Runter da! Das ist gefährlich!", hat einer geschrien.

Er war ein Feuerwehrmann mit einer Uniform. Aber ich war nicht mehr zu stoppen. Immer höher und höher bin ich hinauf. Was die Leute nicht gewusst haben, war, dass ich das in Afghanistan an „sal e nau", am Neujahrsfest, auch immer gemacht habe.

Das ist eine Riesenparty in meiner Heimat und alle Leute sind da und wir Jungen sind dabei oft auf hohe „bordsch", Türme, geklettert oder auf Funkmasten.

Endlich habe ich mit meiner Hand die Zweige oben berührt. Die Menschen unten haben gepfiffen und viel „tschak tschak" gemacht, viel geklatscht. Als ich runter geschaut habe, ist es mir so komisch im Magen gewesen, ein bisschen so wie damals, als ich in die Conny verliebt war. Nur dass diesmal ein wenig Angst der Grund dafür war.

Verdammt hoch war der Baum. Von unten hat das gar nicht so ausgeschaut. Der Feuerwehrmann hat gerufen, ob er mich mit der Leiter holen soll. Er hat sicher gemerkt, dass ich ein wenig „Schiss" hatte. Aber da war er sofort wieder da, mein Stolz, und langsam und vorsichtig bin ich wieder herunter.

Viele haben mir auf die Schulter geklopft und „sauber" gesagt! Ja natürlich bin ich sauber, ich dusche jeden Tag.

Aber „sauber" sagt man hier auch, wenn jemand etwas sehr gut gemacht hat. Der Franz hat mir das gleich erklärt, weil er gemerkt hat, dass ich wieder mal was nicht verstehe. Er war auch mächtig stolz, mich zum Freund zu haben.

„Du hast an Schneid!", hat er gemeint, „Und dassd ned wieda so blöd nachfragst, „Schneid" hoaßt mutig sein, koa Angst hab'n."

15. Mai 2017

Die Bayern haben auch „doschman", Feinde.
Sie nennen sie „Preißn".

Das sind Deutsche, die im Norden wohnen,
also nicht mehr in Bayern und die auch nicht
bayrisch reden. Aber sie machen nicht richtig
„dschang", nicht richtig Krieg, miteinander.
Der Lehrer hat uns gesagt in Geschichte,
dass sie das früher einmal gemacht haben,
aber das schon lange her ist. Die Bayern
mögen die Preißn aber bis heute nicht so
gern, weil sie manchmal sogar „Saupreißn"
zu ihnen sagen.

Das ist ein schlimmes Wort. Und eine Belei-
digung auch. Franz hat es einmal zu einem
in der Klasse gesagt, der neu gekommen
war aus einer Stadt, die Düsseldorf heißt,
aber kein Dorf ist, sondern eine sehr große
Stadt.

Der Junge heißt Rüdiger und bildet sich wirklich viel darauf ein, dass er von dort herkommt. "Ich hatte gedacht, in Bayern lebt man noch in den Bäumen", hat er einmal gesagt. Der Satz ist aber für ihn nicht so gut ausgegangen...

Dann ist nämlich für ihn, wie man in Bayern sagt, „der Watschenbaum umgefallen". Ich glaube auch, dass Rüdigers Eltern sehr viel Geld haben, weil er nur Markenkleidung trägt. Das heißt aber nicht, dass alle „Preißn" so reich sind.

Der Franz mag es einfach nicht, dass der Rüdiger immer so „g'schwolln" daher redet, so „maghrur", so stolz und gescheit. „G'schafthuber", sagt der Franz immer zu ihm, Wichtigtuer.

Im Kunstunterricht hat der Lehrer heute ein seltsames Tier dabei gehabt.

„Das gibt es nur in Bayern! Man kann es nur nachts fangen mit einer Kerze und einem Sack. Ich habe das getan und hier ist es, ich habe es ausstopfen lassen.", hat er behauptet.

Stimmt natürlich nicht, weil man gesehen hat, dass das Tier aus vielen Teilen von anderen Tieren zusammengesetzt worden ist. Hörner von einem Reh, Schnabel von einer Gans, Füße von einem Hahn, Pfoten von einer Katze, Flügel von einem Vogel, den ich nicht kenne. „Wolpertinger" nennt man dieses Tier, das angeblich in bayerischen Wäldern lebt. Ein Scherz. Aber es war sehr interessant, das Tier zu zeichnen. Ich habe dafür eine 2 bekommen, was für mich in Kunst sehr gut ist.

Ach ja mit den Noten habe ich mich auf eine andere Art beim Franz blamiert.

Als Afghane habe ich immer Probleme, die Buchstaben e und i oder o und u zu unterscheiden. Das gibt es in meiner Sprache Dari nicht so.

Nach dem Zwischenzeugnis habe ich dem Franz auf Facebook geschrieben, dass ich „sehr gute Nuten bekommen habe".

Das hat dem Franz natürlich sehr gut gefallen und ich muss mir das immer wieder von ihm anhören, dass ich so gute „Nuten" bekommen habe. Was das Wort heißt, brauche ich nicht erklären und will es auch nicht.

27. Mai 2017

Der Ramadan fängt für uns Muslime an.
Das ist der Fastenmonat. Er beginnt immer,
wenn man die schmale Sichel des Mondes im
Monat Ramadan zum ersten Mal am Himmel sieht. Dann dürfen wir jeden Tag bis
zum Sonnenuntergang nichts essen und auch
nichts trinken, nicht einmal Wasser. In Afghanistan ist das immer eine besondere Zeit.
Das tägliche Leben wird sehr langsam. Man
kann dann nicht so viel arbeiten, vor allem
wenn es sehr heiß ist.
In Deutschland ist der Ramadan aber ein
Problem. Die Schule geht weiter, wir schreiben Tests und machen viel Sport.
Das ist gar nicht so einfach. Aber am Abend
ist es dann umso schöner im Heim, da ist jeden Tag das Fastenbrechen. Dann sitzen wir
lange zusammen und essen und trinken.

AFGHANISTAN - NIGHT

15/IV/16
peter mühlbauer

Und am Ende des Ramadan gibt es ein großes Fest. Das wird am 25. Juni sein, glaube
ich. Aber bis dahin ist noch lange hin.

30. Mai 2017

Allah möge mir verzeihen, ich bin ja noch so
jung. Ich war heute beim Doktor und habe
ihm gesagt, dass ich immer so Bauchschmer-
zen habe. Ich habe halt Hunger und vor allem
Durst wegen dem Ramadan.
Wir schreiben Freitag vor den Ferien einen
wichtigen Test in Mathematik. Da muss ich
noch viel lernen. Da habe ich mir gedacht,
dass ich zum Arzt gehe und mich bis Donnerstag krankschreiben lasse.

Dann habe ich es Schwarz auf Weiß, dass ich krank bin, und brauche nicht mehr fasten. Reisende, alte Menschen, kleine Kinder und... Kranke müssen nämlich nicht den Ramadan halten.

Na ja, ein Trick. Ich hoffe, Allah kann darüber lachen. Und dann sind sowieso Ferien, da ist das Problem mit dem Fasten nicht mehr so groß. Und außerdem bin ich noch nicht erwachsen, da wird Allah schon noch ein Auge zudrücken...

Der Doktor hat mich auch tatsächlich bis Donnerstag von der Schule befreit und gesagt, ich habe wahrscheinlich eine Bauchgrippe.

Dann wird es wohl so sein. Er hat immerhin lange Medizin studiert. Er muss es ja wissen. Und ein Kind bin ich doch auch irgendwie noch, oder?

Da fällt mir gerade ein, dass die Bayern wahrscheinlich gar keine schlechten Muslime wären, weil sie viele Gebete jeden Tag sagen, die es auch bei uns gibt.

So sagen sie „In Gott's Nam!", das heißt bei uns „bismillah", oder „Gott sei Dank", „alhamdulillah", oder „Um Gott's Will'n", „inshallah", „Mein Gott!", „ba choda!".

Ja wirklich, so fremd sind sich Bayern und Afghanen gar nicht.

8. Juni 2017

Heute habe ich mich auch nicht an den Ramadan gehalten, obwohl ich diesmal nicht krankgeschrieben bin. Es sind Ferien und einige Jungs aus dem Heim sind mit Alex, einem Betreuer, nach Deggendorf gefahren. Das ist eine sehr schöne Stadt, wo man gut einkaufen kann.

Und... es gibt dort den besten Döner weit und breit. Ein Türke hat dort den Stand „Öz Ankara" und der Döner schmeckt genau wie in Istanbul. Dort habe ich so viele Döner gegessen und die waren alle sehr „choschmazza", sehr lecker. In der Stadt, in der mein Heim ist, gibt es auch so eine Bude, aber sie heißt „Luggis Döner und Pizza". Der „sahib", der Besitzer, ist ein Bayer, er heißt Luggi und er kann das überhaupt nicht so gut mit den Dönern.

Sie schmecken irgendwie anders und fad. Ich glaube, nur Türken können richtig Döner machen. Beim Luggi gibt es sogar einen „Weißwurst-Döner", den hat er selbst erfunden, sagt er. Wieder so eine „Schweinerei"! So was geht doch nicht!!!

Obwohl es mir geschmeckt hat, bin ich plötzlich sehr traurig geworden. Ich musste wieder an meinen Bruder Aryan denken, den ich an der Grenze zwischen dem Iran und der Türkei verloren habe.

Die Zeit in Istanbul war ganz schlimm, weil er nicht mehr da war. Ich habe solche Sehnsucht nach meinem „beradar", nach meinem Bruder. Ganz ohne Familie das ist sehr schlimm für mich. Ich habe noch einen „dschoi" mit Zimt, einen Tee mit Zimt, getrunken, aber auch das hat mich an meine Heimat erinnert und mich noch kaputter gemacht.

Anschließend sind wir in der Stadt herum
gegangen. Auf einem Platz war ein kleines
Fest. Auf einem großen Grill haben sie ein
„haiwan", ein Tier, gebraten, das ich gar
nicht erkannt habe.

Es hat richtig unheimlich ausgeschaut mit
seinen leeren, schwarzen Augen. Alex hat
gesagt, das ist ein „Spanfakl".

„Aber wie? Was soll das? Den Teufel, den
„sheitan", braten? Du machst dich lustig
über mich?", habe ich gerufen.

Alex hat natürlich nicht verstanden, was ich
meine. „Ja, das ist doch das bayerische Wort
für den „sheitan", den Teufel!"

Da musste Alex plötzlich lachen. „Das hast
du verwechselt, Hamid! Spanfakl, das ist ein
kleines, junges Schwein. Du hast ein anderes Wort gehört: „Sparifankal", das ist der
Teufel.".

Da musste ich auch lachen. Ja, den Teufel braten, das schaffen nicht einmal die Bayern.

16. Juni 2017

Der letzte richtige Ferientag. Nach dem Wochenende geht die Schule wieder los. Franz hat mich eingeladen, mit ihm zum Schwarzfischen an die Donau zu gehen, „mohi giri bedun e edschaza", Angeln ohne Erlaubnis. Das ist verboten.

Franz meint, dass wir nur aufpassen müssen, dass uns der alte Schuster Max nicht erwischt. Ihm gehört das Wasser am Fluss und manchmal fährt er herum und kontrolliert, ob jeder einen Schein für das Fischen hat.

In Deutschland braucht man immer einen

Schein, wenn man etwas machen will. Das habe ich schon gelernt.

Mit zwei Angeln und vielen anderen Sachen sind wir losgezogen und sind schon bald am Ufer angekommen. Dort waren viele Büsche und hohes Gras.

Gut für uns, weil wir nicht gleich gesehen werden konnten. „Gibt es hier „mor", Schlangen?", habe ich Franz ein bisschen ängstlich gefragt.

„Kann sein", hat der gemeint, „aber das sind dann höchstens Ringelnattern, die sind nicht giftig."

Das hat mich beruhigt, weil die Schlangen bei mir zuhause schon gefährlicher sind. Ja, Schlangen haben wir keine gesehen, aber dafür andere Tiere und zwar sehr, sehr viele davon. Wie wir durch das hohe Gras gegangen sind, hat man plötzlich ein tiefes

Brummen gehört, das ist immer lauter geworden. Und plötzich waren überall um uns herum „zambur e zard", Wespen!!!

Mist, einer von uns war auf ein Wespennest getreten! Wir haben wie verrückt herumgeschlagen, aber sie waren überall.

Und schon habe ich einen Stich an der Wange gespürt, dann am rechten Ohr. Wir sind gelaufen und gelaufen, haben geschlagen und die Wespen weggewischt.

Da schon wieder ein Stich, diesmal an der Hand. Endlich weg von dem Nest, in Sicherheit, habe ich den Franz angeschaut. Er hatte auch einiges abbekommen.

Und dann habe ich gesehen, dass etwas fehlte beim Franz, seine Brille!

Er muss nämlich seit einer Woche eine Brille tragen. „Verdammt noch mal! Ohne Brille können wir nicht heim kommen, mein Vater macht mir die Hölle heiß", hat der Franz gemeint, „Wir müssen nochmal hin, das blöde Ding suchen!"

Dann sind wir wieder zu den Wespen. Gott sei Dank, haben wir die Brille bald gefunden, aber leider die Wespen uns auch noch einmal. Unsere Gesichter haben danach ausgeschaut wie die von einem Mann in einem Film, den ich einmal gesehen habe.

Ein Mann, der in Paris auf einem hohen Kirchturm gewohnt hat, dort die Glocken geläutet hat und in eine schöne Frau verliebt war.

Hoffentlich ist das bis Montag wieder besser, wenn die Schule wieder anfängt. Mit unseren roten, aufgedunsenen Gesichtern können wir uns dort nicht blicken lassen. Das hat man davon, wenn man in Deutschland etwas ohne „edschaza", ohne einen Erlaubnisschein, macht.

In Bayern gibt es einen Spruch, den ein Lehrer mal gesagt hat: „Kleine Sünden bestraft Gott sofort!"

Na ja, Allah macht das auch nicht anders, denke ich. Er ist ja der gleiche Gott.

19. Juni 2017

Ich kann jetzt schwimmen und darauf bin ich mächtig stolz. Die Betreuer haben gesagt, dass ich einen Schwimmkurs machen muss. Ich hatte so große Angst vor dem Wasser.

Die Angst kommt daher, dass ich in einem Schlauchboot mit vielen anderen Flüchtlingen von der Türkei nach Griechenland fahren musste. Das Boot war so voller Menschen, dass es fast untergegangen wäre.

Und dann war da noch schlechtes Wetter und die Wellen brachten so viel Wasser ins Boot.

Die Leute, die uns das Boot besorgt hatten, die Schleuser, die von uns wieder viel, viel Geld genommen hatten, hatten uns wenigstens ein paar alte Eimer mitgegeben.

Die Männer im Boot waren nur damit beschäftigt, das Wasser aus dem Boot zu schöpfen. Meine Angst war riesengroß, ich dachte, das ist mein Ende, das Ende von Hamid.

Die Frauen haben geweint und die Babys geschrien. Ein einziges Durcheinander. Und dann, kurz vor der türkischen Küste, ist es passiert. Das Boot ist untergegangen, ganz langsam zuerst und dann waren plötzlich alle Leute im Meer. Die Panik war riesengroß. Mein Mund war voll von dem salzigen Wasser.

Und ich konnte doch nicht schwimmen. Und ich habe mir vorgestellt, was da alles im Wasser unter mir sein könnte. Ein großer Haifisch vielleicht, der immer hungrig ist und Zähne im Maul hat wie eine scharfe Säge.

Es war furchtbar. Da hat mich plötzlich ein Mann gepackt, der arabisch gesprochen hat. Er brachte mich ans sichere Ufer. Er hat mein Leben gerettet und wir schreiben uns heute noch sehr oft auf Facebook. Er lebt jetzt in Berlin mit seiner Familie.

Ich hätte mir nie gedacht, dass ich eines Tages die Angst vor dem Wasser besiegen kann. Aber heute habe ich einen Zettel bekommen, auf dem steht, dass Hamid tatsächlich schwimmen kann. Allah sei Dank. Ich habe wieder eine Angst weniger in meinem Leben. Und ich fühle mich heute sehr „qawi", sehr stark.

23. Juni 2017

Ich bin viel draußen. Der Sommer ist schön in Deutschland. Skaten und Fußballspielen. Und das Schuljahr ist auch bald zu Ende. Ich werde wirklich nächstes Jahr auf die Realschule gehen können, meine „Nuten" sind gut.

Viele Zweier und ein paar Dreier. Die Lehrer sagen, dass das kein Problem für mich sein dürfte mit der neuen Schule. Das freut mich sehr.

Meine Betreuer haben heute ein zweites Bett in mein Zimmer geschoben und ein

Nachtkästchen. Sie haben gesagt, dass morgen ein neuer Junge kommt. Sie möchten ihn zu mir ins Zimmer geben, weil er sich dann schneller eingewöhnen kann.

Ich weiß schon so viel von Deutschland und dem Leben hier, ich soll ihm da ein bisschen helfen, hier Fuß zu fassen. Das ist zwar eine große Ehre, aber ich habe auch ein bisschen Angst, dass wir nicht zusammenpassen.

Meine Betreuer haben mir aber versprochen, dass sie ihn in ein anderes Zimmer geben, wenn es mit uns beiden nicht funktioniert. Das hat mich beruhigt, weil ich ja auch viel lernen muss und ich dabei nicht gestört werden mag. Trotzdem bin ich gespannt, was das für einer ist, der morgen in mein Zimmer kommt. Vielleicht werden wir sogar gute Freunde.

24. Juni 2017

Heute ist der Neue gekommen und es war ein Wahnsinn. Ich erzähle aber alles der Reihe nach. Um 10 Uhr am Morgen hat jemand an meinem Zimmer geklopft.

Ich habe aufgemacht und da sind zwei Betreuer gestanden, der Robert und die Susanne. Dahinter noch jemand. Ich habe aber nicht gesehen, wer das ist. Robert und Susanne haben gelacht und gesagt, dass der Neue da ist und ob er schon ins Zimmer darf. „Natürlich", habe ich geantwortet, „wir haben das ja gestern besprochen."

Und dann sind die zwei zur Seite gegangen und der Neue stand vor mir. Meine Knie wurden plötzlich ganz weich und mein Herz hat angefangen, wie wild zu schlagen. Ich konnte auch nicht mehr reden, ich stand einfach nur da mit offenem Mund.

Der Neue war gar kein Neuer! „Aryan, beradar!" Ja wirklich. Aryan, mein Bruder.
Mein Bruder!!! Träume ich?

„Hamid, beradar!", hat er gesagt und ist
mir um den Hals gefallen. Wie ein Traum war
das alles, ich halte meinen Bruder wieder in
den Armen. Das ist sooooooo gut!

„Alhamdullilah", Gott sei Dank!!!
Wir haben beide geweint vor Freude, wie kleine Kinder. Auch Susanne hat ganz nasse
Augen bekommen. „Ihr habt es schon gestern
gewusst!", habe ich zu ihr gesagt.

„Natürlich, aber wir wollten dich einfach
überraschen. Und das ist uns gut gelungen!".
Ja, wirklich. Und dann hat Aryan mir erzählt, dass er noch lange im Iran war, einige
Zeit sogar im Gefängnis dort, und es dann
doch noch geschafft hat, über viele Umwege
nach Deutschland zu kommen. Und natürlich

darf er jetzt hier bleiben. Hier, bei mir, bei seinem kleinen Bruder Hamid!

Was für ein Tag war heute! Das ist alles so unglaublich.

Morgen feiern wir das große Fest des Fastenbrechens, der Ramadan ist vorbei. Das Leben geht neu weiter, und für mich in ganz besonderer Weise. Ich bin so glücklich, das Fest mit meinem Bruder Aryan zu feiern. Es wird das schönste Fest meines Lebens werden. Das weiß ich jetzt schon.

Ich schließe jetzt mein Tagebuch, denn einen besseren Schluss dafür könnte es nicht geben.

Mit meinem Bruder an der Seite habe ich wieder ganz viel Kraft und schaue voller „omed", voller Hoffnung, in unsere Zukunft hier in Deutschland, nein hier in Bayern, denn ich habe es ja schon am Anfang des

Kurzes gesagt. Bayern ist nicht Deutschland, hier ist alles ein bisschen anders...

Choda hafez, Auf Wiedersehen und Pfiadd' eich mitananda!

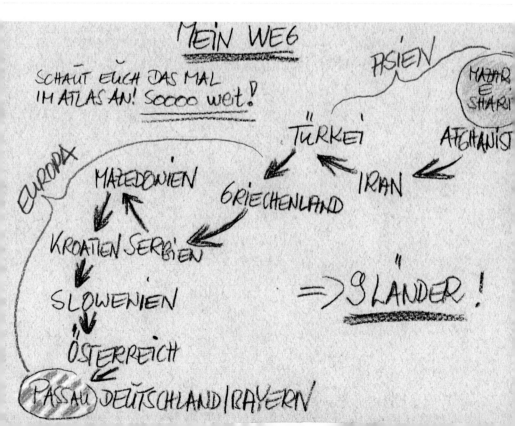

CHINA
→

RAN

MAZAR
E
SHARIF

KUNDUZ

HERAT

KABUL → Unsere
Hauptstadt
KABUL

KANDAHAR

PAKISTAN

↓ Meine Stadt

↑

AFGHANISTAN,
mein Land.

افغانستان

↑ so schreibt man
„Afghanistan" in
meiner Schrift!

Kleine Wörterliste Bayrisch - Dari

Servus! ----- Salam!

Pfiadde! ----- Choda hafez!

Depp ----- mard e ahmaq

Knalldepp ----- mard e ahmaqtarin

zünftig ----- rahat (aber nicht ganz, schwer zu über-
setzen - urbayerisch gemütlich)

Weißwurschd ----- sasetsch e safed e bayrischi

Giggerl ----- khorus

Britsch'n ----- zan e bad

Fotz'n ----- sili zadan ba surat

busseln ----- bosidan

Schmaizler ----- tambaku baraye bini

Lederhos'n ----- patlun e tscharm e bayrischi

Dirndl ----- perahan e zanana e bayrischi

Pratz'n ------ dast e besjar kalan

Lätsch'nbene ----- mard e tambal

biesln ----- schasch kardan

Bierwamp'n ----- schekam e besjar kalan az bir

dratz'n ----- qahr kardan, ama chosch ajand

Bilmes ----- kala ye kalan

oaschichtig ----- mard ya zan e modscharad

Pfinsta ----- pandsch schambe

Irda ----- se schambe

Erdäpfl ----- zeb e zamini (wie in Bayrisch: Apfel der Erde)

Rotzbibb'n ----- dochtar e schoch

ramadama ----- moratab kardan, pak kardan

Muich/Mille ----- schir

Muckifuck ----- qahwa kam rang

Bruathitz'n ------ hawa ye besjar garm

zaudürr ----- besjar laghrar

Schuifreikin —— moallem e zanana, aksaran modscharad

Ruach ------ schakhs e khasis

Goaßg'schau ----- surat mesl e boz

Blädl -----schachs e ahmaq

pratzl'n ----- farib dadan

buidsauba ----- besjar zeba (aksaran ba dochtar)

Schroamaul ----- mard e besjar boland, u hamescha farjad mekonad

abkratz'n ----- mordan

G'friß ----- surat e zescht

Batzer ----- eschtebah

pladdada Uhu ----- mard bedune mui, mard e kal

Bleschl ----- zaban

Schweinigl ----- adam e kasif

G'sichtsmatratz'n ----- risch

Fotz'nspangla ----- doktor e dandan

Grambff ----- bimafhum

jodl'n ----- bait e bayrischi bedune matn

dreandsch'n ----- gerje kardan

Pfloudsch ------ mard e be parwa

Luusa / Waschl ----- gosch

Kine ----- malik / schah e Bayern, aksaran Ludwig der II.

Und noch eine kurze Geschichte aus meiner Heimat, die mir sehr gefällt:

Da lebte in Afghanistan ein sehr weiser und kluger Mann. Viele Menschen kamen zu ihm und fragten ihn um Rat, wenn sie Hilfe brauchten.

Der Mann hatte einen Esel mit einem schwarzen Fell. Den hatte er schon lange

Der Mann ging eines Tages zu einem Teich und fing an, wie verrückt seinen Esel zu waschen.

Viele Leute beobachteten ihn und dachten, der Mann sei jetzt durchgedreht. „Was machst du da?", riefen sie zu ihm, „Dein Esel ist doch schon sauber!"

Der Mann aber hörte nicht auf, sein Tier zu waschen. Dann hob er den Kopf und sagte zu den Leuten: „Ich will keinen schwarzen Esel mehr, ich will, dass er weiß wird."

Die Zuschauer schüttelten den Kopf und sagten: „Du bist so klug und weißt nicht, dass man einen schwarzen Esel nicht weiß machen kann?"

„Ach so", erwiderte der weise Mann, „Das wisst ihr also! Einen schwarzen Esel kann man nicht weiß machen, auch wenn man das möchte. Aber schaut her, mit den Menschen ist es genauso. Ihr wollt sie immer machen, wie ihr sie haben wollt. Aber das geht nicht. Jeder Mensch ist so, wie er ist. Und so, wie er ist, muss man ihn annehmen."

Da verstanden die Leute, dass ihnen der kluge Mann mit seiner Tat etwas zum Nachdenken geben wollte. Und er hatte recht: Einen schwarzen Esel kann man nicht weiß machen.

Peter Mühlbauer mit einer Gruppe afghanischer Freunde.

Der Autor:
Peter Mühlbauer, geboren 1963 in Cham, lebt als freischaffender Künstler, Autor und Illustrator mit seiner Familie in Osterhofen. Er arbeitet zeichnerisch viel mit Flüchtlingen, die vorwiegend aus Afghanistan und Syrien kommen. Er hat bereits an zahlreichen Ausstellungen teilgenommen und auch viele Einzelausstellungen gemacht, so z.B. auf Schloss Fürsteneck, in Deggendorf, Osterhofen, Zwiesel, Viechtach, Winzer und Passau.
Im Frühjahr 2017 gab es im Kunstraum Deggendorf die Ausstellung „Afghanistan. Licht und Schatten." Peter Mühlbauer macht für verschiedene Verlage Illustrationen. Im Verlag Morgenroth Media sind folgende Werke erschienen: „Manns-Buida", „Luggis Tagebuch" und zusammen mit einem Freund, dem Musiker Kersten Wagner, das Liederbuch: „Nasobeme und andere Viechereien. Lieder nach Christian Morgenstern und durch das Schuljahr."